초간단 토익

기초 문법 공식

초간단 토익 기초 문법 공식

초판 1쇄 인쇄 2020년 1월 1일
초판 1쇄 발행 2020년 1월 5일

지은이 ㅣ Mr. 슈퍼 심플 토익
펴낸이 ㅣ 강인구

펴낸곳 ㅣ 누림북스
등 록 ㅣ 제2014-000144호
주 소 ㅣ 서울시 마포구 양화로 78, 502호(서교동, 서교빌딩)
전 화 ㅣ 02-3144-3500
팩 스 ㅣ 02-6008-5712
이메일 ㅣ cdgn@daum.net

디자인 ㅣ 참디자인

ISBN 979-11-954647-4-6 (03040)

토익 독학초보자들을 위한 필독서

초간단
토익

기초
문법
공식

Mr. 슈퍼 심플 토익 지음

누림북스

프롤로그 Prologue

영어를 잘 하기 위해서는 많은 시간과 노력이 필요하다. 또한 토익 고득점을 얻기 위해서도 많은 시간과 노력이 필요하다. 하지만 유창한 영어 말하기 실력과 토익 고득점을 비교했을 때, 토익에서 높은 점수를 얻는 것이 상대적으로 훨씬 더 쉽다. 영어를 잘 한다는 이유 하나만으로 얼마나 많은 혜택들이 주어지는지 모를 것이다. 토익 고득점이라는 이유 하나 만으로 자신도 상상하지 못했던 엄청난 기회들이 찾아올 수도 있다. 하지만 영어 때문에, 아니 토익 점수 하나 때문에 자신의 발목을 잡는 것을 넘어서 '멱살'을 잡는 날이 올 수도 있다.

모든 학생들이 토익 고득점을 원하는 것은 아닐 것이다. 하지만 700점 정도의 토익 점수조차 없어서 원서를 쓰지도 못하고, 면접 볼 기회조차 주어지지 않는다면 얼마나 자신이 초라해지고 미워지게 될 것인가! 그런데, 이 사실을 아는가? 700점 정도의 토익 점수가 없어서 원서조차 쓰지 못하는 학생들이 수없이 많다는 사실을. 다행스러운 것은 토익은 '시험'이라는 사실이다. 토익 문제에는 특정한 유형과 패턴과, 정답의 단서와 오답의 함정이 정해져 있다. 따라서 그 유형과 패턴에 익숙해진다면 빠른 시간 안에 토익 점수를 급상승시킬 수 있을 것이다.

나도 인정한다. 영어의 '기본기'를 쌓아야 한다는 것을. '요령, 스킬, 비법'이라
고 하는 것은 하나도 필요 없다. 만약 영어의 기본 실력을 제대로 갖추고 있다
면. 하지만 너무나 많은 학생들 이 시간이 없다는 이유로, 바쁘다는 이유로, 어
렵다는 이유로, 하기 싫다는 이유로, 어떻게 해야 할지 모른다는 이유로, 전공
이 아니라는 이유로, 나와 상관없다는 이유 등으로 오랫동안 영어공부를 하지
않고 방치하며 살아왔다. 그러다가 졸업이 가까워 오거나, 자격시험을 보거나,
이직을 하려고 하거나, 승진할 때가 다가오면 뭐부터 해야 할지도 모르겠고, 어
떻게 해야 할지도 모르겠고, 시간은 부족하고, 다른 것도 할 게 많고, 영어에 대
한 기본기도 없고, 하지만 당장 토익 점수는 필요하고……. 그때부터 마냥 불안
해지기만 한다.

이때 우리가 흔히 말하는 '공식'이라고 하는 전략이 필요하다. 공식이란 점수를
좀 더 빠르고 효율적으로 올리기 위해, 문제를 바라보는 관점을 바꾸는 것에서
부터 시작한다. 문제를 바라보는 눈, 즉 '관점'만 바꿔도 좀 더 빠른 시간 안에
효율적으로 점수를 올릴 수 있다. 기본기가 지금 당장은 좀 부족할지라도, 문제
를 어떤 관점으로 바라보고 어떻게 전략적으로 접근하느냐에 따라 점수 차이
가 크게 벌어질 수 있기 때문이다.

목차 contents

3 전접부 '구별 공식'

4 대관비 '기본 공식'

5 핵심동사 '패턴 공식'

6 수태시 '확인 공식'

9 전치사 '이미지 공식'

10 기출어휘 '덩어리 공식'

1

문제유형
'3초 공식'

아래의 문제를 풀어보세요.

---

01 The architectural firm has indicated that finalized plans for the convention center will _____ in a week.

(A) delivers
(B) delivered
(C) be delivered
(D) delivering

만약 여러분이 위의 문제를 처음부터 끝까지 해석해서 풀었다면, 이 문제에 대한 핵심 포인트를 놓치고 있는 것이다. 물론 영어를 아주 잘해서 모든 문제들을 완벽하게 해석해서 풀면 너무나 좋은 것은 당연하다. 하지만 처음 토익을 공부하는 대부분 수험생들의 독해 속도는 그렇게 빠르지 않다. 그래서 빈칸 앞뒤만 보고 풀 수 있는 문제들조차 전체 문장을 다 읽고 풀게 되면 Part 7 독해 시간에 10문제에서 많게는 20문제 정도 풀지도 못하고 찍게 되는 경우가 발생하게 된다.

위의 문제를 풀 때 여러분의 눈에는 가장 먼저 빈칸 앞의 will이 마치 매직 아이처럼 눈에 확 들어와야 한다. 조동사 다음엔 동사원형이 나와야 하기 때문에 ⓒ be delivered가 정답이다. 이렇게 빈칸 앞뒤만 보고 정답을 고르는 것을 요령이라 생각하지 말고, 마치 복잡하게 그려 놓은 그림에 숨겨진 물건을 찾는 숨은그림찾기 놀이처럼, 첫눈에 딱~! 하고 맞힐 수 있는 문제들을 최대한 많이 만들어 놔야 한다.

3초 안에 정답의 단서를 찾아라!

최근 토익이 진화·발전하면서 정확한 문장 구조와 완벽한 해석을 통해서 풀어내야 하는 문제의 비중이 점점 더 높아지고 있다. 하지만 항상 일정한 비율로 해석 없이 또는 빈칸 앞뒤의 단서가 되는 단어만 보고도 3초 안에 풀어낼 수 있는 문제들도 역시 높은 비중으로 출제되고 있다. 따라서 무조건 해석하지 말고 정답의 단서를 빨리 찾아내자.

02 Entrance to the factory site is restricted to those with _____ an employee identification card or a visitor's pass.

(A) both
(B) each
(C) any
(D) either

보기에 both, either, neither, not only 중에서 두 개 이상이 등장하면 상관접속사 문제이다. 빈칸 뒤를 그대로 쫓아가다가 'or'를 보는 순간 (D) either를 정답으로 고르고 빨리 다음 문제로 넘어가면 된다. 상관 접속사 문제는 거의 매달 나오고 있고, either A or B가 정답으로 가장 많이 출제되고 있다.

03 The research and development expense was estimated
to be _____ $100 million.

(A) approximately
(B) briefly
(C) rapidly
(D) unpredictably

보기를 보면 의미가 전혀 다른 '어휘 문제'라는 것을 알 수 있다. 하지만 어휘 문제들조차 완벽하게 해석하지 않고 빈칸 앞뒤만 보고도 풀 수 있는 문제들이 많이 나온다. 숫자 앞에 빈칸이 있을 때 약 10개의 어휘가 정답으로 잘 나오는데, 그 중에서 '대략'을 의미하는 (A) approximately가 나오면 무조건 정답이다.

무조건 끊어라! 빈칸 다음에 '전.접.콤.마'가 나오면

초간단토익 기초문법공식에서 가장 중요한 공식은 빈칸 다음에 전치사, 접속사, 콤마, 마침표가 나오면 무조건 끊는다는 것이다. 이것 하나만 잘 적용해도 문제 풀 때 엄청난 위력을 발휘하게 될 것이다. 무조건 끊어라! 전치사, 접속사, 콤마, 마침표 앞에서!

---

① He is not _____ / for the matter.
　　　　　　　　　　　　전치사

② Don't be _____ / when working with me.
　　　　　　　　　　　　접속사

③ Please detach _____ /, and send it
　　　　　　　　　　　　콤마

④ Mr. Lee examined the data _____ /.
　　　　　　　　　　　　　　　　　　마침표

---

04 The manager warned everyone to be _____ when working with dangerous chemicals.

(A) caution
(B) cautious
(C) cautiously
(D) cautiousness

빈칸 앞에 be동사가 있고 뒤에는 접속사 when이 있다. 영어에서는 be동사 다음에 여러 가지 품사가 나올 수 있다. 하지만 토익에서는 빈칸 앞에 am, are, is, was, were, been과 같은 be동사가 있고, 빈칸 뒤에 전치사, 접속사, 콤마, 마침표가 나와서 끊기면 빈칸은 형용사 자리이다. 따라서 (B) cautious가 정답이다.

05 The salesmen have been very _____ in their attempts to get us to purchase a product.

(A) persuading
(B) persuasive
(C) persuasion
(D) persuasiveness

문제풀이 사고 과정

① 우선 (A)(B)(C)(D) 보기를 살펴보면 단어의 형태가 비슷한 어형 문제라는 것을 알 수 있다.
② 빈칸 뒤에 전치사 in이 있기 때문에 끊을 수 있다.
③ 부사는 의미를 강조하거나 첨가해 주는 역할을 한다. 빈칸 앞에 있는 부사는 무조건 없다고 생각하자. 빈칸 앞 부사 very를 삭제하면 have been이 있다. 이것은 be동사의 형태를 변형시킨 것에 불과하기 때문에 빈칸은 형용사 자리이다.
④ 그렇다면 (A) persuading 설득시키는, (B) persuasive 설득력 있는, 둘 다 해석적으로는 정답이 될 수 있을 것 같다.
⑤ 하지만 해석이 잘 되지 않을 때, 변형된 형용사인 '분사'와 순수한 '형용사'가 동시에 있으면 순수한 형용사 (B) persuasive가 정답일 가능성이 더 높다.

무조건 해석부터 하지 말고 보기 (A)(B)(C)(D)를 통해 문제 유형을 파악하자. 그러고 나서 빈칸 앞뒤를 살펴보고 정답의 단서를 찾아내라. 이때 빈칸 앞만 봐서 틀리는 경우가 자주 발생한다. 빈칸 앞을 봤으면, 반드시 뒤도 꼭 살펴야 한다.

06 Our technical support will be _____ available to help our customers.

(A) continuous
(B) continuity
(C) continue
(D) continuously

빈칸 앞에 be동사가 있어서 형용사 (A) continuous를 고르는 경우가 의외로 많다. 문법공식을 적용할 때는 빈칸 앞을 봤으면 반드시 빈칸 뒤도 살펴봐야 한다. 빈칸 뒤에 형용사 available이 있기 때문에 끊을 수 없다. 다시 한 번 더 강조하면 빈칸 다음에 끊을 수 있는 4가지는 '전치사, 접속사, 콤.마, 마침표'이다. 빈칸 뒤에 형용사 available이 있으므로 형용사 앞은 부사 (D) continuously가 정답이다.

07 University graduates are _____ searching for employment.

(A) aggressive
(B) aggressively
(C) aggression
(D) aggressiveness

빈칸 앞에 be동사 are가 있다고 해서 성급하게 형용사 (A) aggressive를 고르지 말자. 빈칸 뒤를 살펴보면 현재분사 searching이 있다. 따라서 동사 세트 사이 는 부사 (B) aggressively가 정답이다.

넌 해석하니?
난 빈칸 앞뒤만 보고 푸는데…

많은 토익 수험생들이 무턱대고 처음부터 끝까지 완벽하게 해석해서 문제를 풀려고 하는 경향이 있다. 하지만 토익은 문제 유형에 따라 전체 문장을 해석해야 할지, 아니면 밑줄 앞뒤만 보고 풀어야 할지를 빨리 결정해야 한다. 그러기 위해서는 무조건 해석하는 것이 아니라, 보기와 빈칸을 중심으로 앞뒤를 살펴본 후에 문제가 원하는 포인트를 빨리 찾아 낼 수 있어야 한다.

---

08 After performing extensive employee performance reviews, Mr. Lee in the marketing division was _____ selected as the employee of the year.

(A) increasingly
(B) annually
(C) equally
(D) finally

---

① 처음부터 무조건 해석하지 말고 '보기'를 먼저 살펴본다.

(A) increasingly 점점 더, (B) annually 해마다, (C) equally 동등하게, (D) finally 마침내, 라는 뜻으로 의미가 모두 다른 어휘 문제임을 알 수 있다.

② '빈칸' 앞뒤의 잘 어울리는 덩어리 표현을 찾아본다.

빈칸 앞에 be동사 was가 있고, 뒤에 과거분사 selected가 있다. 즉, 동사 세트 사이에 빈칸이 있기 때문에 빈칸은 부사 자리이다. 하지만 보기의 단어가 전부 부사어휘이다.

---

③ 그래도 문제가 풀리지 않는다면 빠르게 '해석'을 한다.

빈칸 앞뒤만 보고 정답을 찾아내기 어렵다면 해석을 시도해 보자. 해석을 하려는 순간 첫 단어 After가 나왔다. 그렇다면 '~한 후에, 마침내 …했다'라는 패턴으로 (D) finally가 정답이다. 물론 처음부터 끝까지 문장을 완벽하게 해석을 해도 정답을 찾아 낼 수 있었을 것이다. 하지만 토익에 자주 출제되는 문장 구조나 문제 유형을 미리 알고 있다면, 첫 단어 After만 보고 바로 정답을 알아낼 수 있다.

(A) produce	(A) expect	(A) they
(B) production	(B) to expect	(B) their
(C) productive	(C) expecting	(C) them
(D) productively	(D) has expected	(D) themselves

문제를 풀 때 무조건 해석하는 것이 아니라 선택지의 보기를 통해 문제가 원하는 포인트를 빨리 파악하는 것이 중요하다고 여러 번 강조했다. 이때 보기의 단어들을 혹시 모른다고 할지라도 단어의 형태가 비슷하게 생겼다면, 해석하지 않고 풀 수 있다는 강력한 표시라고 생각하자!

09 Please give us a _____ introduction of yourself before we start the interview.

(A) briefed
(B) briefing
(C) briefly
(D) brief

보기의 단어들이 비슷하게 생겼으므로 해석하지 않고 풀 수 있다는 신호다. 빈칸 앞에 관사 a가 있고, 뒤에 명사 introduction이 있기 때문에 빈칸은 형용사 자리이다. 만약 형용사를 모를지라도 '~ly'를 삭제하고 남은 단어가 형용사가 된다. 따라서 (D) brief가 정답이다.

10 The building construction will be _____ at the end of the year.

(A) complete
(B) completion
(C) completes
(D) completely

빈칸 앞에 be동사가 있고, 빈칸 뒤에 전치사 at이 있기 때문에 끊을 수 있다. be 동사 다음은 여러 가지 품사가 나올 수 있다. 하지만 토익은 대부분 '형용사'가 정답이 되는 경우가 주로 출제된다. (A) complete가 정답이다. 'complete'는 토익에서 가장 중요한 단어 중의 하나이다. 형용사로는 '완전한, 완료된'이라는 뜻이고, 동사로 쓰일 경우 '완성하다, 작성하다'라는 뜻이다. 특히 '작성하다'라고 쓰일 때 동의어 'fill in'도 함께 알아두자.

문제 유형은 3가지로 이미 정해져 있다

모든 시험에는 나름의 유형이 정해져 있다. 토익은 비즈니스 상황에서 많이 쓰이는 내용을 평가하는 시험이다. 토익이 어떤 식의 문제를 많이 내는지, 또 어떤 식으로 문제를 출제하는지에 대한 정확한 이해와 그에 대한 유형을 반드시 미리 알고 있어야 한다. 파트7 독해 문제를 풀기 충분한 시간을 확보하기 위해, 처음 토익을 시작할 때 파트5&6의 자주 출제되는 문법 공식과 기출 어휘를 집중적으로 공략해서 15분 안에 풀어 낼 수 있도록 꾸준한 실전 연습을 해야 한다.

단어의 형태를 물어보는 '어형 문제'

11 Under the _____ of Dr Lee, The Technology Laboratory performs more than one thousand tests every year.

(A) directly
(B) directed
(C) direction
(D) directs

보기를 보면 단어의 형태가 비슷하다. 이렇게 같은 어근을 가지면서 명사, 동사, 형용사, 부사 등으로 품사만 달리하여 빈칸에 가장 적절한 단어의 형태를 찾는 문제가 토익에 많이 출제되고 있다. 이런 어형 문제들은 굳이 전체 문장을 완벽하게 해석하지 않고도, 단어의 품사와 문장 구조에 대한 기본 개념만 알고 있으면 쉽고 빠르게 정답을 찾아낼 수 있다. 빈칸 앞에 관사 the가 있고 뒤에 전치사 of가 있으므로 빈칸은 명사 자리 (C) direction이 정답이다.

문법적인 지식을 물어보는 '문법 문제'

12 A good supervisor _____ an environment in which talented people have the opportunity to do their best.

(A) create
(B) creates
(C) is created
(D) creating

문장구조를 살펴보면 빈칸은 동사 자리이다. 우선 동사가 아닌 (D) creating은 오답이다. 빈칸 뒤에 목적어가 나왔기 때문에 수동태 (C) is created도 오답이다. 그럼 (A) create와 (B) creates가 정답 후보가 되는데, 단수 주어 A good supervisor 가 나왔기 때문에 단수 동사 (B) creates가 정답이다. 이렇게 주어가 3인칭 단수 현재일 경우, 동사에 's'를 붙인다는 기본적인 문법 사항을 알고 있어야 문제를 쉽게 풀어 낼 수 있다.

13 Please fill out the last section of this form, _____ it, and send it back to us by first class mail as soon as possible.

(A) correspond
(B) write
(C) detach
(D) withdraw

보기가 전부 다른 뜻을 가진 어휘 문제이다. 빈칸 앞뒤를 보고 이미 알고 있는 덩어리 표현이 보이지 않는다면 빠르게 해석을 해야 한다. 해석을 해 보면 「이 신청 양식지의 마지막 부분을 작성해서 그것을 (A) correspond 서신 교환하고, (B) write 써서, (C) detach 떼어서, (D) withdraw 인출해서 최대한 빨리 1등급 우편으로 보내주세요.」이 중에서 문맥상 가장 적절하게 표현한 것은 (C) detach 가 정답이다. '양식지를 작성하다'라는 말이 앞에 나왔기 때문에 (B) write는 오답이다. 함정에 속지 말자.

이것이 토익문법공식의 기술이다

1 단계
보기 분석하기 (무슨 유형인지 파악해라)

↓

2 단계
빈칸 앞뒤 살펴보기 (뒤를 꼭 살펴라)

3-1 단계
멀리 떨어진 단서 잡아내기

↓

최고의 컨디션으로 '실전' 연습

"
토익 **공부**!
실전훈련 하는 것이 중요하다!
"

해석이 필요 없는 문제도 처음부터 끝까지 해석을 하기 때문에 시간이 부족하게 되는 것이다. 평상시에 P5&6를 15분 안에 푸는 실전 연습을 꾸준히 하자.

3-2 단계
빠르고 바르게 독해하기

↓

어려우면 '별표' 치고 스킵

"
토익 **시험**!
시간관리 하는 것이 중요하다!
"

어려운 문제에 너무 시간을 낭비하지 말자. 모르겠으면 아무 정답이나 빨리 고르고 별표치고 넘어가자. 고득점자들은 만약 시간이 남는다면 별표 친 문제만 다시 한 번 확인하자.

토익문법공식 문제풀이 3단계 연습

1 단계
보기 분석하기

01 The item will be delivered _____ to Mr. Bulger.

(A) directing   (B) direction
(C) directed   (D) directly

지난 10년간 보기에
directly가 20회 이상 등장했다
한두 번을 제외하고는
대부분 정답이였다.
정답 (D)

2 단계
빈칸 앞뒤 살펴보기

02 Mr. Lee was _____ employed in the company.

(A) temporary   (B) temporariness
(C) temporarily   (D) most temporary

수동태 사이의 빈칸은
부사가 정답이다.
정답 (C)

3-1 단계
멀리 떨어진 단서 잡아내기

3-1 After months of negotiation, the HPT company has _____ announced its acquisition over the design company.

(A) increasingly   (B) annually
(C) equally   (D) finally

보기의 단어가 모두 다른 어휘 문제이다. 해석을 하려는 순간 첫 단어 After를 보고, '~한 후에, 마침내 … 했다'의 패턴으로 (D) finally가 정답이다.

3-2 단계
빠르고 바른 독해하기

3-2 With his bold designs and _____ for self-promotion, Tae-Hyun Rhee has emerged as one of the biggest stars in the fashion industry today.

(A) form   (B) flair
(C) outfit   (D) offer

125~130번 사이에 정확한 문맥을 파악해야 해결할 수 있는 어려운 문제가 등장한다. 정답은 '재능'이라는 뜻의 (B) flair이다.

명동형부
'자리 공식'

'꼬리'를 잡아라! 점수가 급상승할 것이다

영단어는 머리와 몸통과 꼬리의 3가지 요소가 결합되어 이루어진다. 아무 이해 없이 단편적으로 단어를 무조건 암기하는 것이 아니라, '머리(접두사) + 몸통(어근) + 꼬리(접미사)'로 나누어 각각의 요소들을 분해하고 결합하여 의미를 유추해가는 과정을 통해 좀 더 쉽게 단어를 이해할 수 있다. 단어의 뜻을 몰라도 형태를 보고 품사를 구별할 수 있으면, 해석하지 않고 쉽게 맞힐 수 있는 어형 문제들이 토익에서는 엄청나게 많이 나온다. 반드시 단어의 꼬리 형태를 익히자. 그럼 점수가 급상승할 것이다.

'명사' 꼬리	'형용사' 꼬리	'동사' 꼬리	'부사' 꼬리
prediction equipment freshness importance ability teacher policy health	available romantic beautiful dangerous dependent creative ideal	simplify finalize broaden	increasingly

■ 단어의 형태를 보고 '품사'를 알 수 있어야 한다.

01 It is _____ that each employee wear protective clothing in this area.

(A) vital
(B) vitally
(C) vitality
(D) vitalize

단어의 맨 마지막 부분의 형태만 보고도 품사를 알 수 있어야 한다. 토익 시험은 단어의 형태를 물어보는 '어형 문제'들이 많이 나오기 때문이다. (A) vital 형용사, (B) vitally 부사, (C) vitality 명사, (D) vitalize 동사. 빈칸 앞에 be동사 is가 있고 뒤에 접속사 that이 있기 때문에 빈칸은 형용사 자리 (A) vital이 정답이다.

be동사 다음에 나올 수 있는 여러 품사들과 형용사를 집중적으로 출제하는 이유는 5장에서 자세히 다룰 예정이다.

02 주어와 목적어 자리에 빈칸은 명사가 정답이다

타동사를 중심으로 동사 앞은 '주어'가 나오고, 동사 뒤에는 '목적어'가 나온다.
이때 주어와 목적어 자리의 빈칸은 '명사'가 정답이다.

■ 문장의 맨 처음에 빈칸이 있고, 뒤에 동사가 나오면 '명사'가 정답이다.

02 _____ of the orders will be sent to the customers.

(A) Confirms
(B) Confirmed
(C) Confirming
(D) Confirmation

문장의 맨 처음에 빈칸이 있다. 전치사구 of the orders가 앞의 명사를 꾸며 주
는 수식어이다. 또한 뒤에 동사 will be sent가 나왔다. 그렇다면 빈칸은 주어
자리. 즉, 명사가 나와야 하므로 (D) Confirmation이 정답이다.

■ 타동사 다음의 빈칸은 '명사'가 정답이다.

03 All supervisors will enhance _____ among employees.

(A) cooperation
(B) cooperative
(C) cooperate
(D) cooperated

빈칸 앞의 enhance는 조동사 will 다음에 나왔기 때문에 동사라는 것을 쉽게 알수 있다. 따라서 빈칸은 타동사의 목적어 자리 즉, 명사가 나와야 하므로 (A) cooperation이 정답이다.

아래의 예문을 통해 명사자리 5가지 공식을 완벽하게 암기하자.

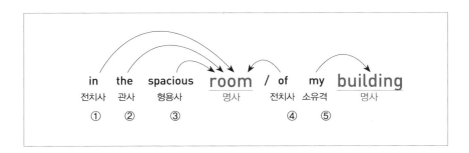

in	the	spacious	room	/	of	my	building
전치사	관사	형용사	명사		전치사	소유격	명사
①	②	③			④	⑤	

① 전치사(in) 맨 끝은 명사(room) 자리이다.

② 관사(the) 맨 끝은 명사(room) 자리이다.

③ 형용사(spacious) 바로 다음은 명사(room) 자리이다.

④ 전치사(of) 바로 앞은 명사(room) 자리이다.

⑤ 소유격(my) 다음은 명사(building) 자리이다.

■ 'the _____ of' 사이의 빈칸은 '명사'가 정답이다.

04 This product should be used in a well ventilated area to prevent
the _____ of fumes.

(A) inhale

(B) inhalation

(C) inhales

(D) inhaled

관사와 전치사 사이엔 명사가 들어가야 한다. 특히 빈칸 앞에 관사 the가 있고, 뒤에 전치사 of가 있어 'the _____ of'의 구조가 되면 명사를 100% 정답으로 고르면 된다. 만약 단어를 모르더라도 꼬리의 형태가 '-tion'으로 끝난 것이 명사이다. 따라서 (B) inhalation이 정답이다.

■ 형용사 바로 다음의 빈칸은 '명사'가 정답이다.

05 Some specific factors should be considered for a better understanding of the company's financial _____.

(A) conditionally
(B) conditioned
(C) condition
(D) conditional

형용사(financial) 바로 다음은 명사 자리이다. 소유격(company's) 맨 끝은 명사 자리이다. 관사(the) 맨 끝은 명사 자리이다. 전치사(of) 맨 끝은 명사 자리이다. 이중 빈칸과 가장 가까운 '형용사 바로 다음의 빈칸은 명사가 정답'이라는 공식을 적용하자. 전체 문장을 해석하지 말고 빨리 정답 (C) condition을 고르고 다음 문제로 넘어가면 된다.

명사 바로 앞에 나올 수 있는 3가지

명사 바로 앞에 나올 수 있는 3가지는 '형용사, 소유격, 분사'이다. 이 중에서
명사 바로 앞에 빈칸이 있을 때 형용사가 정답인 경우가 가장 많이 출제되고
있다.

```
① 형용사
② 소유격     명사
③ 분사
```

① 명사 바로 앞에 빈칸이 있을 때 '형용사'가 정답이다. 어형 문제 중에 출제
   빈도가 가장 높다.
② 인칭대명사 문제도 매달 출제된다. 그 중 명사 앞에 '소유격'이 정답인 경우
   는 거의 매달 출제되고 있다.
③ 명사 바로 앞에 빈칸이 있어 형용사 자리일 때, 순수한 형용사가 없다면 '분
   사'가 정답이다. 분사도 일종의 형용사라는 사실을 꼭 명심하자.

■ 명사 앞의 빈칸은 '형용사'가 정답이다.

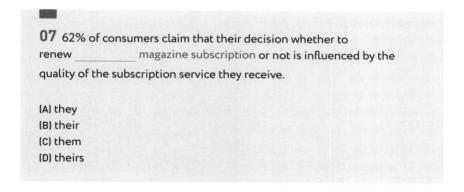

06 Please note that an _____ combination of grades to that indicated on each course entry may be considered on an individual basis.

(A) equivalently
(B) equivalent
(C) equivalence
(D) equivalents

보기의 단어 형태가 비슷하다. 해석하지 않고 풀 수 있다는 강력한 신호이다. 빈칸 앞에 관사 an이 있고, 빈칸 뒤에 명사 combination이 나왔다. 그러므로 '명사 앞의 빈칸은 형용사가 정답이다'라는 공식에 따라 (B) equivalent가 정답이다. 만약 단어의 뜻을 모를 지라도 '~ly'를 삭제하고 남은 것이 형용사이다.

■ 명사 앞의 빈칸은 '소유격'이 정답이다.

07 62% of consumers claim that their decision whether to renew _____ magazine subscription or not is influenced by the quality of the subscription service they receive.

(A) they
(B) their
(C) them
(D) theirs

보기는 모두 인칭대명사로 구성되어 있다. 즉, 해석하지 않고 풀 수 있다는 강력한 표시이다. 우선 빈칸 앞뒤를 살펴보자. 빈칸 앞에 동사 renew가 있고, 뒤에 명사 magazine이 있다. 따라서 '명사 앞의 빈칸은 소유격이 정답이다'라는 공식에 따라 (B) their가 정답이다. 인칭대명사의 격 변화를 반드시 암기하자.

■ 명사 앞의 빈칸은 '분사'가 정답이다.

08 To ensure a great volunteer experience, we review all applications and then contact _____ applicants to arrange an in-person interview.

(A) qualify
(B) qualified
(C) qualifies
(A) qualification

보기의 단어 형태가 비슷하다. 해석하지 않고 풀 수 있다는 강력한 표시이다. 빈칸 뒤에 명사 applicant가 나왔다. 따라서 빈칸은 형용사 자리이다. 하지만 형용사가 보기 중에 없을 때 '명사 앞의 빈칸은 분사가 정답이다'라는 공식에 따라 (B) qualified가 정답이다. '자격을 갖춘 지원자'라는 의미 'qualified applicant' 덩어리 표현을 암기하자.

05 형용사처럼 보이지만 명사인 단어들

단어의 꼬리가 '~al'로 끝나면 형용사이다. 하지만 일부 명사가 되는 것도 있는데 토익은 약 10단어가 집중적으로 출제되고 있다. 형용사처럼 보이지만 명사 10단어를 반드시 암기하자.

---

① approval 승인　② rental 임대　③ renewal 갱신　④ arrival 도착

⑤ individual 개인　⑥ material 자료　⑦ potential 가능성　⑧ professional 전문가

⑨ proposal 제안　⑩ removal 제거

■ approval은 '승인'이라는 뜻의 '명사'이다.

09 We look forward to the _____ approval of these revised agreements.

(A) prompts
(B) prompt
(C) promptly
(D) promptness

빈칸 뒤의 approval을 형용사로 착각해서 부사 (C) promptly를 고를 수도 있었을 것이다. 하지만 '승인'이라는 뜻의 'approval'은 단어의 꼬리가 ~al로 끝났지만 명사가 되는 단어이다. 따라서 명사 앞은 형용사 (B) prompt가 정답이다.

■ 형용사 다음의 빈칸은 '명사'가 정답이다.

10 The tentative plan is scheduled to be confirmed after the committee's final _____.

(A) approval
(B) approving
(C) approved
(D) approve

빈칸 앞의 단어 final은 '최종적인'이라는 뜻의 형용사이다. 따라서 형용사 다음은 명사 (A) approval이 정답이다. approval은 '승인'이라는 뜻의 명사이고, approve는 '승인하다'라는 뜻의 동사이다. 명사와 동사의 형태가 다른 두 단어를 구분해서 암기해 놓자.

06 '~ly'를 삭제하고 남은 것이 형용사다

빈칸이 형용사 자리일 경우 단어의 꼬리가 '~able, ~tic, ~ful, ~ous, ~ent, ~tive, ~al'로 끝난 단어가 정답이다. 하지만 단어의 품사를 잘 모르겠다면, 보기 중에 '~ly'를 삭제하고 남은 것이 '형용사'이다.

---

11 Mobile phone charging services are _____ across urban and rural Africa due to the high prevalence of homes without access to the electric grid.

(A) ubiquitous
(B) ubiquity
(C) ubiquitousness
(D) ubiquitously

---

① 보기 분석하기

보기에 있는 단어의 뜻을 모를 수도 있을 것이다. 하지만 단어의 형태가 비슷하다. 해석하지 않고 풀 수 있다는 강력한 표시이다. 문장도 굉장히 길지만 겁낼 필요는 없다. 또한 전체 문장을 해석할 필요도 전혀 없다.

② 빈칸 앞뒤 살펴보기

빈칸 앞뒤를 살펴보자. 빈칸 앞에 be동사 are가 있고, 뒤에 전치사 across가 있기 때문에 끊을 수 있다. 영어에서는 be동사 다음에 여러 가지 품사가 나올 수 있다. 하지만 토익은 빈칸 앞에 be동사가 있고, 뒤에 전치사가 나와서 끊기면 형용사가 정답인 경우가 거의 매달 출제되고 있다.

③ 빠르게 정답 고르기

하지만 뭐가 형용사인지 모를 수도 있을 것이다. 이때 보기 중에 '~ly'가 있는 것을 삭제하고 남은 것이 형용사가 된다. 따라서 정답은 (A) ubiquitous이다.

12 The overwhelming majority of Macarthur residents believe that many roads in the region are too _____.

(A) narrow
(B) narrows
(C) narrowly
(D) narrower

빈칸 앞에 too, more, not, very, less, quite, even, much와 같은 부사를 삽입시켜 헷갈리게 하는 경우가 많이 있으므로 주의해야 한다. 빈칸 앞의 too는 '너무'라는 뜻의 의미를 강조해주는 부사이다. 빈칸은 형용사자리 임으로 ~ly를 삭제하고 남은 (A) narrow가 정답이다.

07

be, become, remain 다음의
빈칸은 형용사가 정답이다

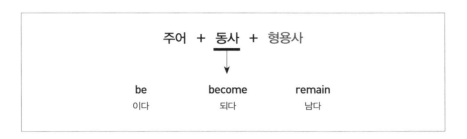

주어 + **동사** + 형용사

be	become	remain
이다	되다	남다

be, become, remain 등과 같은 동사 뒤에 여러 가지 품사가 나올 수 있다. 하지만 토익은 거의 대부분 형용사를 정답으로 출제한다. 이 단어들 중에서 be동사가 집중적으로 출제되고 있다. 주어의 인칭과 시제에 따라 am, are, is, was, were, been 6개의 be동사가 다양하게 쓰인다. be동사 다음에 형용사를 묻는 문제는 거의 매달 된다. 확실하게 알아 두자.

■ be동사 다음의 빈칸은 '형용사'가 정답이다.

13 The travel advice in the guidebook will be _____ to tourists going to Africa.

(A) use
(B) using
(C) useful
(D) usefully

빈칸 앞에 be동사가 있고 뒤에 전치사 to가 나왔다. 따라서 빈칸은 형용사 자리 (C) useful이 정답이다.

■ become 다음의 빈칸은 '형용사'가 정답이다.

14 The director wants all employees to become more _____ with company employment policies.

(A) familiar
(B) familiarly
(C) familiarity
(D) familiarize

빈칸 앞 부사 more를 삭제하면 become 동사가 있다. 빈칸 뒤 전치사 with가 나와서 끊을 수 있다. become 다음에는 명사와 형용사가 나올 수 있다. 하지만 토익은 형용사가 정답인 경우가 대부분 출제되고 있다. 따라서 밑줄은 형용사 자리 즉, 보기 단어 중에 '~ly'를 삭제하고 남은 (A) familiar가 정답이다.

08 make, keep, find 목적어 다음의 빈칸은 형용사가 정답이다

주어 + 동사 + 목적어 + 형용사

make keep find   부사를 쓰면 안 된다
만들다 유지하다 알다

make, keep, find는 기본 동사로 여러 가지 문장 구조 패턴을 취할 수 있다. 하지만 토익에서 이 단어들은 목적어가 나온 후 형용사가 정답인 경우가 집중적으로 출제되고 있다. 이때 주의할 것은 해석상 부사를 써야 할 것 같지만 형용사를 써야 한다는 것이다.

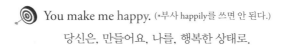
You make me happy. (*부사 happily를 쓰면 안 된다.)
당신은, 만들어요, 나를, 행복한 상태로.

■ make 목적어 다음의 빈칸은 '형용사'가 정답이다.

15 The local government is making every effort to make public transportation more _____ to the elderly.

(A) access
(B) accesses
(C) accessible
(D) accessibly

동사 make 다음에 목적어 public transportation이 있기 때문에 빈칸은 형용사 자리이다. "대중교통을 노인들에게 더 접근하기 쉽게 만들다"로 해석되기 때문에 빈칸을 부사 자리로 착각하기 쉽다. 토익에서 make, keep, find 동사만큼은 목적어 다음에 '형용사'가 나온다는 것을 꼭 명심하자. 형용사 자리에 절대 부사를 정답으로 고르는 실수를 하지말자. 정답은 (C) accessible이다.

■ find 목적어 다음의 빈칸은 '형용사'가 정답이다.

16 Most of our workers reported that they found the new health care package very _____.

(A) benefit
(B) benefits
(C) beneficial
(D) beneficially

부사는 의미를 강조해 주는 조미료와 같은 역할을 한다. 따라서 빈칸 바로 앞에 있는 부사 very는 무조건 없다고 생각하자. 동사 found와 목적어 the new health care package 다음의 빈칸은 형용사 (C) beneficial이 정답이다.

'조동사(助動詞)'는 말 그대로 '동사를 도와주는 말'이라는 뜻이다. 조동사의 위
치는 '진짜동사'앞에 졸졸 따라다니면서 진짜동사와 관련된 단·복수, 인칭,
시제 등의 모든 일처리를 다 해주는 진짜동사의 조수라고 생각하면 된다. 그래
서 조동사 다음에 오는 동사들은 모습을 이리저리 바꿀 필요 없이 반드시 '동
사원형'이 나와야 한다. 동사원형이란 아무 변화도 없고 장식도 붙지 않은 태
초에 생긴 동사 원래의 변형되지 않은 순순한 모습을 말한다.

동사원형	s ing ed

* '~s, ~ing, ~ed'를 삭제하고 남은 것이 동사원형이다.

토익에서 반드시 알아야 할 '조동사'는 will, can, must, may, would, could,
should, might가 있다. 조동사 다음에 빈칸이 있으면 '동사원형'을 정답으로 고
르면 된다. 하지만 만약 단어의 품사를 모르겠다면, 보기 중에 단어의 꼬리가
'~s, ~ing, ~ed'를 삭제하고 남은 것이 동사원형이 된다.

◎ I swim. 난 수영한다.
　　→ 그냥 무덤덤한 항상 늘 그러는 사실
◎ I will swim. 난 수영 할 거야.
　　→ 수영을 할 거라는 '강한 의지'
◎ I can swim. 난 수영 할 수 있어.
　　→ 수영을 할 수 있다는 '강한 능력'
◎ I must swim. 난 반드시 수영해야 해.
　　→ 수영을 반드시 해야 한다는 '강한 의무'
◎ I may swim. 난 수영할 지도 몰라.
　　→ 수영을 할지도 모른다는 '추측과 가능성'

명령문은 '~해라'라고 상대방에게 뭔가를 명령할 때 쓰이는 문장이다. 그러므로 명령을 받는 상대방은 당연히 'You'임으로 주어를 생략하고 바로 동사원형으로 시작된다. 여기에 공손함을 표시하기 위해서 Please를 붙여주면 다소 부드럽게 변한다. 완곡한 명령문임을 나태나는 단어인 Please다음엔 '동사원형'이 온다는 것이 가장 큰 특징이다. Please로 시작하는 명령문은 토익에서 너무나 중요한 단서가 되는 핵심 단어이다. 듣기나 독해 문제에서 요청이나 제안에 대한 정답은 Please 다음에 나온다는 사실만 알고 있어도 엄청나게 도움이 될 것이다. Please 다음에 빈칸이 있으면 '동사원형'을 정답으로 고르자.

■ 'Please' 다음의 빈칸은 '동사원형'이 정답이다.

17 Please _____ the bottom portion for your records.

(A) retain
(B) retaining
(C) retains
(D) retained

Please 다음에 빈칸이 있으면 '동사원형'을 정답으로 고르면 된다. 단어를 몰라도 꼬리가 '~s, ~ing, ~ed'로 끝나는 보기들을 삭제하고 남은 (A) retain이 정답이다.

■ '조동사' 다음의 빈칸은 '동사원형'이 정답이다.

18 All senior financial analysts should _____ the meeting.

(A) attend
(B) attends
(C) attending
(D) attended

조동사 다음에 빈칸이 있으면 '동사원형'을 정답으로 고르면 된다. 만약 동사원형의 형태를 모르겠다면, 단어의 꼬리가 '~s, ~ing, ~ed'로 끝나는 (B) attends, (C) attending, (D) attended를 삭제하고 남은 동사원형 (A) attend가 정답이다.

10 동사 세트 사이는 부사가 정답이다

be동사		~ing
be동사		~ed
have	~ly (부사)	p.p.
조동사		동사원형
자동사		전치사

■ 'be _____ ~ing' 사이의 빈칸은 '부사'가 정답이다.

19 The corporation is _____ improving its manufacturing operations.

(A) continue
(B) continual
(C) continued
(D) continually

빈칸 앞에 be동사 is가 있고, 뒤에는 현재분사 improving이 있다. '진행형' 사이의 빈칸은 부사 (D) continually가 정답이다.

■ 'be _____ p.p.' 사이의 빈칸은 '부사'가 정답이다.

20 A proposal will be _____ presented at the end of the year.

(A) formally
(B) formal
(C) formality
(D) formalizing

빈칸 앞에 be동사가 있고, 뒤에는 과거분사 presented가 있다. '수동태' 사이의 빈칸은 부사 (A) formally가 정답이다.

■ 'have _____ p.p.' 사이의 빈칸은 부사가 정답이다.

21 Mr. Lee has _____ completed the accounting program.

(A) success
(B) successes
(C) successful
(D) successfully

빈칸 앞에 동사 has가 있고, 뒤에는 과거분사 completed가 있다. '현재완료' 사이의 빈칸은 부사 (D) successfully가 정답이다.

■ '조동사 _____ 동사원형' 사이의 빈칸은 부사가 정답이다.

22 Professionals can _____ design an attractive new car.

(A) skill
(B) skillfully
(C) skillful
(D) skills

빈칸 앞에 조동사 can이 있고, 뒤에는 동사원형 design이 있다. 이렇게 '동사 세트' 사이는 부사 (B) skillfully가 정답이다.

■ '자동사 _____ 전치사' 사이의 빈칸은 부사가 정답이다.

23 The management reacted _____ to employee's concerns.

(A) prompt
(B) promptness
(C) prompting
(D) promptly

빈칸 앞에 자동사 reacted가 있고, 뒤에는 전치사 to가 있다. react to는 '~에 반응하다'라는 뜻의 덩어리 표현이다. 이와 같은 '숙어' 사이에 빈칸은 부사 (D) promptly가 정답이다.

수동태
be + p.p. ~ly부사
am, are, is
was, were
been

be동사와 과거분사(p.p.)가 결합된 세트를 수동태라고 한다. give, offer, send와
같은 4형식 동사가 수동태가 되어 'be given, be offered, be sent'가 되면 뒤에 명
사가 또 나올 수 있다. 하지만 토익 시험에 자주 출제되는 유형은 아니다. 따라
서 수동태 바로 다음의 빈칸은 '~ly 부사'가 정답이라는 공식을 암기해두자.

24 Since the results of the group taste test for the beverages are
confidential, a copy of the report will be delivered _____ to your
office in person.

(A) directive
(B) directed
(C) directly
(D) direction

보기를 보면 단어의 형태가 비슷하다. 따라서 해석 없이 빈칸 앞뒤만 보고 풀 수
있다. 빈칸 앞에 수동태 will be delivered가 있고, 빈칸 뒤에 전치사 to가 나와서
끊을 수 있다. 이렇게 수동태 다음에 빈칸이 있으면 부사 (C) directly가 정답이다.

■ 수동태 바로 다음에 빈칸이 있는 경우

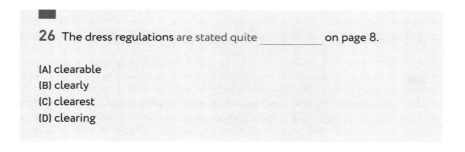

25 Mr. Lee's work has been viewed _____.

(A) favorable
(B) favored
(C) favorably
(D) favoring

수동태 바로 다음의 빈칸은 부사 (C) favorably가 정답이다.

■ 수동태 다음에 부사가 끼어들어간 경우

26 The dress regulations are stated quite _____ on page 8.

(A) clearable
(B) clearly
(C) clearest
(D) clearing

'quite'는 very의 뜻으로 빈칸 앞의 부사는 무조건 없다고 생각하자. 수동태 다음의 빈칸은 부사 (B) clearly가 정답이다.

12 주어와 동사 사이는 부사가 정답이다

주어 다음에 동사가 나와야 한다. 하지만 그 사이에 부사가 들어 갈 수 있다.

27 The user agreement _____ indicates that suitable materials may be used for commercial purposes.

(A) expressly
(B) expressing
(C) expressive
(D) express

빈칸 앞에 '주어' The user agreement가 나왔고, 뒤에 '동사' indicates가 나왔다. 따라서 빈칸은 의미를 강조해 주는 부사가 나와야 한다. 주어와 동사 사이의 빈칸은 부사 (A) expressly가 정답이다.

28 We _____ ask that you consider the following requests.

(A) respects
(B) respecting
(C) respectable
(D) respectfully

주어와 동사 사이는 부사 (D) respectfully가 정답이다.

13 '~ed' 앞의 빈칸은 '~ly' 부사가 정답이다

29 As disciplines have become more technical and specialized, undergraduate training has become more _____ focused on discipline~specific skills.

(A) narrows
(B) narrowing
(C) narrower
(D) narrowly

보기 단어들의 모양이 비슷하게 생겼다. 그렇다면 해석하지 않고 풀 수 있는 강력한 표시이다. 무조건 처음부터 해석하려고 하지 마라. 문장이 길다고 겁낼 필요도 없다. 빈칸을 중심으로 앞뒤를 우선 살펴보자. 빈칸 뒤에 focused가 있다. focused가 과거분사건 과거동사건 중요하지 않다. 모르겠다면 '~ed' 앞에 빈칸이 있을 때 망설이지 말고 '~ly 부사'를 정답으로 골라라. 매달 1~2문제씩 정답으로 출제되고 있다. 정답은 (D) narrowly이다.

■ 과거동사 '~ed'앞의 빈칸은 '~ly 부사'가 정답이다.

30 Seoul city _____ reduced its electricity usage.

(A) considerate
(B) consideration
(C) considerable
(D) considerably

주어 Seoul city와 동사 reduced 사이의 빈칸은 부사가 정답이다. 더 쉽게는 '~ed' 앞의 빈칸은 부사 (D) considerably가 정답이다.

■ 과거분사 '~ed'앞의 빈칸은 '~ly 부사'가 정답이다.

31 Mr. Lee was _____ promoted to a vice president.

(A) subsequent
(B) subsequent to
(C) subsequently
(D) subsequence

수동태 사이의 빈칸은 부사가 정답이다. 더 쉽게는 '~ed' 앞의 빈칸은 부사 (C) subsequently가 정답이다.

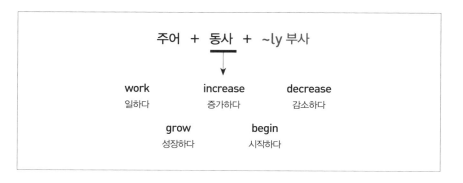

주어 + <u>동사</u> + ~ly 부사

work · increase · decrease
일하다 · 증가하다 · 감소하다

grow · begin
성장하다 · 시작하다

동사 다음에 빈칸이 있으면 목적어인 명사를 정답으로 고르면 된다. 하지만 자동사 work, increase, decrease 다음에 빈칸이 있으면 부사가 정답이다. 이 중에서 work가 집중적으로 출제되고 있다.

■ '일하다' work 다음의 빈칸은 '부사'가 정답이다.

32 School staff must work _____ to help achieve success for all of the students.

(A) collaborated
(B) collaboration
(C) collaborative
(D) collaboratively

빈칸 앞에 동사 work 다음에 목적어 자리, 즉 명사 자리라고 판단해서 (B)

collaboration을 고를 수도 있을 것이다. 하지만 자동사로 쓰일 경우 work는 뒤에 부사가 나와야 한다. 해석을 해봐도 '협력해서 일하다'라는 뜻의 부사 (D) collaboratively가 정답이다.

■ '증가하다' increase 다음의 빈칸은 '부사'가 정답이다.

33 The number of people interested in registering for our fitness program has increased _____ since our last marketing campaign.

(A) notice
(B) noticing
(C) noticeable
(D) noticeably

증감을 의미하는 동사 increase나 decrease는 '상당히' considerably 또는 '급격히' dramatically와 같은 부사와 잘 어울려 쓰인다. 자동사 increase 다음의 빈칸은 부사가 나와야 한다. 따라서 '눈에 띄게' (D) noticeably가 정답이다.

명사 바로 앞에는 부사가 나올 수 없다

부사는 '더해주는 부수적인 말'이라는 뜻이다. 즉, 문장 내에서 꼭 필요한 요소는 아니지만 마치 음식에 맛을 내기 위해서 첨가해 주는 양념처럼, 뉘앙스를 첨가해 주거나 의미를 강조해 주는 역할을 하는 단어 바로 '부사'이다.

부사의 가장 주된 역할은 동사 앞이나 뒤에 와서 동사의 의미를 더욱 자세하게 해주기도 하고, 형용사와 다른 부사 앞에 와서 꾸며주기도 하고, 문장의 맨 앞에 위치해 문장전체를 수식해 주기도 하고, 문장의 제일 뒤에 올 수도 있다. 물론 부사가 아무 곳이나 막 들어갈 수는 없다. 하지만 일정한 원칙을 가지고 의미가 이상해 지지 않는 한 위치가 비교적 자유롭게 위치할 수 있다. 하지만 부사가 절대로 들어 갈 수 없는 자리가 한 곳 있다. 그 위치는 바로 부사는 명사 바로 앞에 나올 수 없다.

_____ He	_____ took	_____ action	_____ .
①	②	③	④
Quickly	quickly	quickly	quickly
(O)	(O)	(X)	(O)

의미를 강조해 주는 부사의 위치는 ① 문장의 맨 앞 ② 주어와 동사 사이 ④ 문장의 맨 끝과 같이 일정한 원칙을 가지고 명사를 제외한 모든 품사를 수식해 줄 수 있다. 하지만 ③ 부사는 명사 바로 앞에 나올 수 없다는 것을 꼭 알아두자.

■ 명사 바로 앞은 '형용사'가 정답이다.

34 Our offer ends on May 20, so take _____ action to avoid missing the opportunity to save money.

(A) quick
(B) quickly
(C) quicken
(D) quickness

의미상 '빠르게 조치를 취하다'라고 해석된다고 해서 부사 (B) quickly를 고르는 실수를 하지 말자. 명사 action 앞의 빈칸은 형용사 자리이다. 명사 바로 앞에는 부사가 들어갈 수 없다. 따라서 형용사 (A) quick이 정답이다.

16 모르겠다고?
그럼 '순수'하고 '단순'한 걸 골라라!

■ 보기에 형용사와 분사가 동시에 있다면? '순수한 형용사'가 정답이다.

35 I would like to thank Jenny Brown for her _____ contributions to our company.

(A) impress
(B) impressive
(C) impressed
(D) impression

빈칸 뒤에 명사 contributions가 있기 때문에 빈칸은 형용사 자리이다. 순수한 형용사 (B) impressive와 과거분사 (C) impressed가 있다. 과거분사는 변형된 형용사라는 사실을 알아두자. 만약 해석적으로 헷갈리거나 잘 모르겠다면 순수한 원래 품사가 정답일 가능성이 높다. 따라서 순수한 형용사인 (B) impressive가 정답이다.

■ 보기에 명사와 동명사가 동시에 있다면? '순수한 명사'가 정답이다.

36 Employees can use the rear staircase during the _____ of the escalators.

(A) construct
(B) constructive
(C) construction
(D) constructing

빈칸 앞에 관사 the가 있고, 뒤에는 전치사 of가 있다. 'the _____ of'의 구조에서 빈칸은 항상 명사가 정답이다. 보기에 순수한 명사 (C) construction과 동명사 (D) constructing이 동시에 있다. building, meeting, painting처럼 동명사가 완전히 명사로 굳어진 단어들도 존재한다. 하지만 constructing이 명사로 굳어진 단어는 아니다. 헷갈리거나 모르겠다면 순수한 품사를 고르는 원칙에 따라 순수한 명사 (C) construction이 정답이다.

■ 해석도 안 되고 뭐가 정답인지 모르겠다면? '더 단순한 것'을 정답으로 고르자.

37 The TG Tower is considered a major _____ although it was originally given negative reviews.

(A) success
(B) succeed
(C) successful
(D) successfulness

빈칸 앞에 관사 a와 형용사 major가 있다. 빈칸 뒤에는 접속사 although가 나와서 끊을 수 있다. '형용사 + 명사'라는 공식에 따라 빈칸은 명사 자리이다. (A) success는 명사로 '성공'이라는 뜻이다. (D) successfulness의 뜻은 모를지라도 단어의 꼬리가 '–ness'로 끝났기 때문에 명사라는 것을 알 수 있다. 이렇게 보기 중에 두 개가 정답 후보일 경우 어떻게 하면 좋을까? 만약 뭐가 정답인지 잘 모르겠다면 둘 중 더 단순한 것이 정답일 확률이 더 높다. 따라서 정답은 (A) success이다. 참고로 (B) succeed는 '성공하다'라는 뜻의 동사이다. 명사와 동사의 형태를 잘 구별해서 외워두자.

3

전접부
'구별 공식'

전치사와 접속사,
뒤에 뭐가 나오는지 알아?

토익문법에서 가장 중요하고 매달 출제되는 내용 중에 하나는 전치사와 접속
사 구별하기 이다. 어떤 단어를 보고 그 단어가 주어와 동사를 연결시켜 주는
'접속사'로 쓰이는지, 아니면 명사를 연결시켜 주는 '전치사'로 쓰이는지 확실
하게 알아야 한다.

■ 접속사 다음엔 '주어와 동사'가 나온다.

01 Annual sales continue to rise steadily although demand _____
over the course of the year.

(A) to vary
(B) varying
(C) variety
(D) varies

빈칸 앞에 접속사 although와 주어 demand가 나왔다. 그러므로 빈칸은 동사
자리이다. 우선 동사가 아닌 (A) to vary와 (B) varying은 삭제스킬을 사용하여
오답처리하자. 또한 명사 (C) variety도 삭제하자. 따라서 동사 (D) varies가 정답
이다.

■ 전치사 다음엔 '명사'가 나온다.

02 Once the fruits are harvested, ABC Farm washes and packages them for _____ to retail stores.

(A) distribute
(B) distributed
(C) distribution
(D) distributional

빈칸 앞에 전치사 for가 있고, 뒤에는 전치사 to가 나왔기 때문에 끊을 수 있다. 빈칸은 명사 자리이다. 따라서 (C) distribution이 정답이다.

구두점, 절대로 무시하지 말자!

영어에서는 마침표나 콤마, 세미콜론 같은 구두점들이 너무나 중요하다. 이 구두점 하나에 따라서 들어가는 품사가 달라질 수 있기 때문이다. 접속사 다음엔 '주어와 동사'가 나오고, 전치사 다음엔 '명사'가 나온다는 것은 앞에서 이미 언급했다. 특히 접속부사는 '접속'이라는 말이 붙어 있어서 접속사라고 착각하기 쉽다. 하지만 접속부사는 절대 접속사가 아니라 '부사'라는 사실이 중요하다. 접속부사는 바로 뒤에 콤마와 함께 쓰인다는 사실을 꼭 기억하자.

---

1. _____ 주어 + 동사…, **주어 + 동사…**.   구조에서 빈칸은 **접속사**가 정답이다.

2. _____ 명사…, **주어+동사…**.   구조에서 빈칸은 **전치사**가 정답이다.

3. 주어+동사…. _____ , **주어+동사…**.   구조에서 빈칸은 **접속부사**가 정답이다.

🎯 Although the deadline is tomorrow, we have yet to receive the documents.
　　접속사　　　주어　　동사　　　　주어 동사

비록 마감일이 내일임에도 불구하고, 우리는 아직 서류들을 받지 못했다.

🎯 Despite the bad weather, the reception was attended by many staff members.
　　전치사　　　명사　　　　주어　　　동사

나쁜 날씨임에도 불구하고, 환영회에 많은 직원들이 참석했다.

🎯 This product is cheap and simple. However, it has some risks.
　　주어　　동사　　　　　　　접속부사 주어 동사

이 제품은 싸고 간단하다. 하지만, 그것은 약간의 위험성을 갖고 있다.

■ 빈칸 뒤에 주어와 동사가 나오면 '접속사'가 정답이다.

03 _____ traffic problems are frequent on this road, Transportation Department has decided not to install a traffic signal.

(A) Although
(B) In spite of
(C) However
(D) Still

보기 분석을 통해 전치사와 접속사 그리고 접속부사를 구별하는 문제임을 알수 있다. 빈칸 다음에 주어와 동사가 나왔고, 콤마 뒤에서 주어와 동사가 나온 문장구조이기 때문에 빈칸은 '접속사' 자리이다. 보기의 품사는 각각 다음과 같다. (A) Although 접속사, (B) In spite of 전치사, (C) However 접속부사, (D) Still 부사이다. 따라서 접속사인 (A) Although가 정답이다. 전치사와 접속사를 구분하는 문제는 매달 출제된다. '반대' 접속사 중에서 가장 자주 출제되는 것은 although이다.

■ 빈칸 뒤에 명사가 나오면 '전치사'가 정답이다.

04 We cannot fill out the application form online _____ the technical problem of the company website.

(A) although
(B) because
(C) while
(D) due to

보기를 보면 전치사와 접속사를 구별하는 문제임을 알 수 있다. 빈칸 뒤에 주어와 동사가 없이 명사 덩어리 the technical problem만 있다. 따라서 빈칸은 전치사 자리이다. (A) although (B) because (C) while은 모두 접속사이다. 보기 중에 전치사는 (D) due to밖에 없다. 따라서 '이유'를 의미하는 전치사 (D) due to가 정답이다.

■ 빈칸 다음에 콤마가 나오면 '접속부사'가 정답이다.

05 We will be happy to provide you with a new heater. _____ , you must send us the original receipt.

(A) Despite
(B) Although
(C) But
(D) However

빈칸 앞에 마침표가 있고 뒤에 콤마 나왔다. 따라서 빈칸은 접속부사 자리이다. 보기의 단어들은 모두 '반대'를 의미하는 비슷한 뜻의 단어들이다. 하지만 쓰임은 완전히 다르다. (A) Despite는 전치사, (B) Although는 접속사, (C) But은 등위접속사, (D) However는 접속부사이다. 확실하게 단어의 품사를 알고 있어야한다. 왜냐하면 위의 문제는 해석하지 않고 문장 구조만을 가지고 쉽게 해결할 수 있는 문제이기 때문이다. 빈칸 바로 다음에 콤마가 나오면 접속부사라는 공식에 따라 (D) However가 정답이다.

1. 빈칸 앞과 뒤가 '반대'되는 내용이라면 however가 정답이다.
2. 빈칸 뒤가 덧붙여지거나 '첨가'의 내용이라면 in addition이 정답이다.
3. 빈칸 뒤가 원인에 대한 '결과'라면 therefore가 정답이다.
4. 빈칸이 '그렇지 않으면'이라는 의미라면 otherwise가 정답이다.

대표적인 접속부사에는 '그러나 however, 게다가 in addition, 그럼에도 불구하고 nevertheless, 그러므로 therefore, 그렇지 않으면 otherwise' 이 다섯 개의 접속부사가 토익에 집중적으로 출제되고 있다. 파트 5에서는 전치사와 접속사의 구별 문제에서 혼동을 유도하는 오답으로 자주 등장한다. 반면에 파트 6에서는 접속부사의 정확한 문맥적 의미를 물어보는 해석 문제가 주로 출제되고 있다.

06 All employees must have their final reports ready by Monday.
_____, they must work over the weekend.

(A) However
(B) In addition
(C) Therefore
(D) Otherwise

빈칸 앞에 마침표가 있고 뒤에 콤마가 있다. 따라서 빈칸은 접속부사 자리이다. 보기가 모두 접속부사이므로 해석을 해야 하는 문제이다. 해석을 해 보면 〈직원들이 보고서를 월요일까지 준비해야 한다. 그러므로 주말에도 일을 해야 한다.〉라는 내용이기 때문에 원인에 대한 결과의 접속부사 (C) Therefore가 정답이다.

---

07 Please pay for this product within this week. _____, the order will be canceled.

(A) Otherwise
(B) So
(C) Because
(D) Somewhat

빈칸 앞에 마침표가 있고 뒤에 콤마가 있다. 따라서 빈칸은 접속부사 자리이다. 〈이번 주 이내에 돈을 지불해야 한다. 그렇지 않으면, 주문이 취소 될 것이다.〉 정확한 해석을 통해 문맥을 파악해라. 접속부사 (A) Otherwise가 정답이다.

'비록 ~임에도 불구하고' 반대를 의미하는 '접속사'로는 although, though, even though, even if가 있다. 같은 의미의 '전치사'는 in spite of, despite가 있다. 전치사에서 주의할 점은 in spite of에서 전치사 of를 빼버리고 'in spite'라고 하면 안 된다. 또한 despite에서는 오히려 of를 첨가시켜 'despite of'라고 하면 절대로 안 된다.

■ '반대' 접속사: although, though, even though, even if

08 _____ Ms Lee didn't have much experience, she was hired because of her positive attitude during the interview.

(A) Nevertheless
(B) However
(C) Although
(D) Still

위의 문제를 처음부터 끝까지 전체 문장을 완벽하게 해석해서 풀면 안 된다. 문장의 구조를 통해서 정답을 골라야 한다. (A) Nevertheless '그럼에도 불구하고' 접속부사, (B) However '하지만' 접속부사, (C) Although '임에도 불구하고' 접속사, (D) Still '여전히' 부사이다. 빈칸 뒤에 주어와 동사가 나왔기 때문에 빈칸은 접속사 (C) Although가 정답이다.

■ '반대' 전치사 : in spite of, despite

09 _____ the high fees for his services, Robert is one of the most popular lawyers in the city.

(A) However
(B) Despite
(C) Meanwhile
(D) Although

보기 분석을 통해서 전치사, 접속사, 접속부사를 구별하는 문제임을 알 수 있다. 빈칸 뒤에 명사 덩어리 the high fees만 있기 때문에 빈칸은 전치사 자리이다. for his services도 단지 수식어구일 뿐이다. (A) However 접속부사, (B) Despite 전치사, (C) Meanwhile 접속부사, (D) Although접속사, 따라서 전치사 (B) Despite가 정답이다.

05 '이유' 전치사와 접속사 구별하기

'왜냐하면 ~때문에' 이유를 의미하는 접속사에는 'because, as, since, now that'
이 있다. 같은 의미의 전치사에는 'because of, due to, owing to, on account of'
가 있다. 물론 각 단어의 뉘앙스 차이는 있지만 토익에서는 뉘앙스를 물어보지
는 않는다. 전치사와 접속사의 차이만 알고 있으면 된다. 참고로 as와 since는
전치사와 접속사가 동시에 되는 단어이다.

■ '이유' 접속사: because, as, since, now that

---

10 The board of directors decided to ask for Min's immediate dismissal
_____ he disclosed confidential information to the press.

(A) because
(B) due to
(C) therefore
(D) owing to

보기를 보면 전치사, 접속사, 접속부사 구별 문제이다. 빈칸 뒤에 주어 he와 동
사 disclosed가 나왔기 때문에 빈칸은 접속사 자리이다. (A) because는 '이유' 접
속사, (B) due to는 '이유' 전치사, (C) therefore는 '그러므로' 접속부사, (D) owing
to는 '이유' 전치사, 따라서 빈칸은 접속사 (A) because가 정답이다.

■ '이유' 전치사: because of, due to, owing to, on account of

11 AK Company has experienced a substantial increase in profits
_____ the increased consumer demand **for organic goods.**

(A) because
(B) due to
(C) though
(D) in order to

(A) because와 (B) due to는 뜻이 똑같다. because는 접속사이고, due to는 전치
사이다. 이렇게 의미는 같은데 쓰임이 다른 단어가 보기 중에 있다면, 둘 중 하
나가 정답이 될 확률이 아주 높다. 빈칸은 전치사 자리이기 때문에 (B) due to가
정답이다. 참고로 (D) in order to는 '~하기 위해서'라는 뜻으로 뒤에 '동사원형'
이 나와야 한다.

06 '동안' 전치사와 접속사 구별하기

while과 during은 둘 다 '~동안에'라는 뜻이다. 의미는 비슷하지만 쓰임에 있어서는 차이가 있다. while은 '접속사'이기 때문에 뒤에 '주어와 동사'가 나온다. during은 '전치사'이기 때문에 뒤에 '명사'가 나와야 한다. 또한 while은 '동안에' 뿐만 아니라 '반면에'라는 뜻으로도 쓰인다. 최근에 정답으로 자주 출제된 '반면에'를 의미하는 접속사 whereas도 함께 알아 두자.

■ while은 '~동안' 이라는 뜻의 접속사이다.

> **12** Emergency doors at the end of each corridor should not be locked
> _____ employees are present.
>
> (A) due to
> (B) while
> (C) despite
> (D) during

빈칸 다음에 주어 employees와 동사 are가 나왔기 때문에 빈칸은 접속사 자리이다. (A) due to는 '이유' 전치사, (B) while은 '동안' 접속사, (C) despite는 '반대' 전치사, (D) during은 '동안' 전치사이다. 보기 중에 접속사는 while밖에 없다. 따라서 (B) while이 정답이다.

■ during은 '~동안' 이라는 의미의 전치사이다.

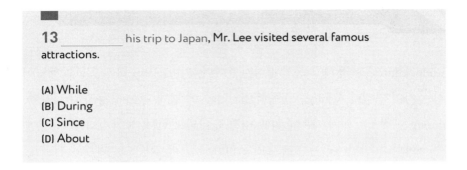

13 _____ his trip to Japan, Mr. Lee visited several famous attractions.

(A) While
(B) During
(C) Since
(D) About

보기 (A) while (B) during은 둘 다 '~동안에'라는 뜻이다. 빈칸이 전치사 자리인지 아니면 접속사 자리인지를 구별하는 문장구조 문제라는 것을 알 수 있다. 빈칸 뒤에 명사 덩어리 his trip to Japan이 나왔기 때문에 빈칸은 전치사 (B) During이 정답이다.

■ while은 '동안에'뿐만 아니라 '반면에'라는 뜻으로도 쓰인다.

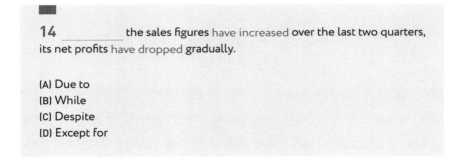

14 _____ the sales figures have increased over the last two quarters, its net profits have dropped gradually.

(A) Due to
(B) While
(C) Despite
(D) Except for

빈칸은 접속사 자리이기 때문에 어렵지 않게 (B) While이 정답인 것을 알 수 있다. 나머지 보기는 전부 전치사이다. 접속사 while을 보면 자동적으로 '~동안에'라는 의미가 떠오를 것이다. 하지만 판매 수치가 증가(increase)했다는 내용과 순수익이 하락(drop)했다는 상반된 내용이 나오고 있다. 이렇게 while은 의미가 서로 반대되는 '반면에'라는 뜻도 있다는 것을 꼭 알아 두자.

■ whereas는 '반면에'를 의미하는 접속사이다.

15 ABC Hospital can accommodate more than five hundred patients at the same time _____ KOP Hospital has a maximum occupancy of only a hundred people.

(A) what
(B) whereas
(C) because
(D) then

where와 as가 결합된 'whereas'는 '반면에'라는 의미의 접속사이다. 〈ABC 병원은 500명 이상을 수용할 수 있다. 반면에 KOP 병원은 오직 100명밖에 수용할 수 없다〉는 반대 개념의 내용이 나왔기 때문에 (B) whereas가 정답이다.

'~일 경우를 대비해서'를 의미하는 전치사는 in case of와 in the event of가 있다. 같은 의미의 접속사로는 in case that과 in the event that이 있다. 접속사일 경우에는 that를 생략해도 괜찮지만, 전치사일 경우엔 of를 생략시키면 접속사가 된다는 사실을 꼭 기억하자.

■ '경우' 접속사: in case that, in the event that

16 You had better prepare some more food _____ there will be unexpected participants.

(A) once
(B) in case
(C) while
(D) whether

빈칸 다음에 완전한 문장이 나왔기 때문에 빈칸은 접속사 자리이다. (A) once 일단 ~하면, (B) in case ~일 경우를 대비해서, (C) while ~하는 동안, (D) whether ~인지 아닌지. 보기의 단어들이 모두 접속사이다. 따라서 정확한 해석이 필요하다. 빈칸 앞에는 더 많은 음식을 준비하는 것이 좋을 것 같다는 내용이 나왔다. 빈칸 뒤에는 예상하지 못한 참가자가 있을 '경우를 대비해서'라는 말이 나와야 문맥이 자연스럽다. 따라서 (B) in case가 정답이다. in case that은 that을 생략할 수 있다.

■ '경우' 전치사: in case of, in the event of

17 In the event _____ rain of inclement weather, the ceremony is moved to Silla Convention Center.

(A) against
(B) of
(C) with
(D) by

'비가 내릴 경우에'라는 덩어리표현 in the event of rain을 알고 있었다면 어렵지 않게 (B) of를 정답으로 고를 수 있었을 것이다. 토익에 자주 나오는 덩어리 표현을 최대한 많이 암기해 놓자.

08 'provided'가 if 대용의 접속사라고?

'제공된'이라는 의미인 'provided'가 어떻게 '만약 ~라면'이라는 뜻의 접속사가 되었을까?

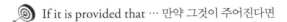

If it is provided that … 만약 그것이 주어진다면

① 가주어 it을 생략한다.
② 동사 is를 being으로 고치는데 생략 가능하다.
③ 지장이 없다면 접속사 if조차도 생략 가능하다.
④ 접속사 that도 선택적으로 생략 가능하다.
⑤ 결국 '만약 ~라면'이라는 뜻의 'provided'가 탄생했다.

■ provided (that)은 '만약 ~라면' 뜻의 '접속사'이다.

18 We will buy everything you produce _____ the price is right.

(A) as a result
(B) provided that
(C) in place of
(D) as well as

빈칸 다음에 주어와 동사가 나왔다. 빈칸은 접속사 자리이다. provided that 은 If 대용의 접속사로 쓰일 수 있다. 따라서 '만약 ~라면' 의미의 접속사 (B) provided that이 정답이다.

■ Given은 '~감안하면'이란 뜻의 '전치사'이다.

19 _____ the growing worries **over global warming, the theme is** very appropriate and timely.

(A) Given
(B) Furthermore
(C) Even though
(D) Therefore

'given'은 give의 과거분사로 '주어진'이라는 뜻으로 알고 있을 것이다. 하지만 '~감안하면'이라는 뜻의 전치사로 쓰일 수 있다. 익숙하지는 않겠지만 토익 시험에 정답으로 출제되었던 단어다. 꼭 암기해두자. 빈칸 다음에 명사 덩어리 the growing worries가 나왔기 때문에 빈칸은 전치사 (A) Given이 정답이다. over global warming은 수식어구일 뿐이다. (B) Furthermore는 '게다가'라는 뜻의 접속부사이다. (C) Even thought는 '반면에'라는 뜻의 접속사이다. (D) Therefore는 '그러므로'라는 뜻의 접속부사이다.

전치사와 접속사를 구별하는 문제는 매달 출제되고 있다. as, since, until, before, after는 '전치사'와 '접속사'가 동시에 되는 단어이다. 이 사실만 알고 있어도 해석 없이 문장 구조를 통해서 해결할 수 있는 문제들이 많이 출제되고 있다. as, since, until, before, after 다섯 단어를 꼭 암기해 두자.

20 _____ the hotel did not offer wireless Internet services, Gupta had to go to a cafe.

(A) Since
(B) Due to
(C) Therefore
(D) Despite

보기는 전치사, 접속사, 접속부사로 구성되어 있다. (A) since는 '~이래로 + ~때문에' 전치사와 접속사 모두 쓰인다. (B) due to는 '이유' 전치사, (C) therefore는 '그러므로' 접속부사, (D) despite는 '반대' 전치사이다. 빈칸 다음에 주어와 동사가 나왔기 때문에 빈칸은 접속사 자리이다. 따라서 전치사와 접속사가 동시에 되는 (A) Since가 정답이다. 이렇게 단어의 특징만 제대로 알아도 해석 하나 없이 정답을 쉽게 고를 수 있다.

'**As**'는 만능 전치사와 접속사로 쓰인다

as는 영어를 공부하는데 있어서 엄청나게 중요하고 빈번하게 사용되는 단어이다. 이 단어는 뒤에 명사를 이어주는 '전치사'로 쓰일 수도 잇고, 뒤에 완전한 문장을 이어주는 '접속사'로도 쓰일 수 있다. As는 '~처럼, ~로써, ~만큼, ~할 때, ~때문에' 등등 정말 많은 뜻을 지닌 만능단어이다. 많은 뜻 중에서 as가 전치사로 쓰일 경우 자격을 의미하는 '~로서'라고 해석하고, 접속사로 쓰이면 이유를 의미하는 '~때문에'라고 해석되는 경우가 가장 많다.

🎯 Mr. Lee has served as the marketing manager.
미스터리는 근무해왔다. 마케팅 매니저로서.

🎯 I couldn't arrive in time as I missed the train.
나는 도착할 수 없었다. 제때에, 왜냐하면 내가 기차를 놓쳤기 때문에.

■ **As가 전치사로 쓰이면 '~로서'라는 뜻이다.**

21 Liz Hong has finished her internship in a hospital and she is now working _____ a physician in a private clinic.

(A) as
(B) of
(C) in
(D) for

physician은 '의사'라는 뜻이다. 이렇게 빈칸 뒤에 직업이나 직책을 나타내는 단어가 나오면 as는 '~로서'라는 뜻이 된다. 자격을 의미하는 (A) as가 정답이다.

- As가 접속사로 쓰이면 '~때문에'라는 뜻이다.

22 _____ we monitor our email periodically throughout the day, we are usually able to get back to you within an hour.

(A) So that
(B) Besides
(C) Due to
(D) As

빈칸 뒤에 완전한 문장이 나왔기 때문에 빈칸은 접속사 자리이다. (A) So that은 '목적'을 의미하는 접속사이다. 하지만 문장의 시작 부분에 나올 수 없다는 특징을 반드시 기억하고 있어야 한다. (B) Besides는 '게다가'라는 뜻의 전치사나 접속부사로 쓰이기 때문에 오답이다. (C) Due to는 '이유'를 의미하는 전치사로만 쓰이기 때문에 오답이다. (D) As는 전치사와 접속사로 동시에 쓰이기 때문에 정답이 될 수 있다. As가 접속사일 때 여러 가지 뜻으로 쓰이는데, 토익에서는 이유를 나타내는 '~때문에'라는 뜻으로 가장 많이 쓰인다.

11 'Since'는 전치사와 접속사 모두 쓰인다

since는 전치사와 접속사로 동시에 쓰이는 단어이다. '~이래로'라는 뜻의 의미로 익숙하겠지만, '~때문에'라는 의미도 있다는 것을 꼭 알아두자. since가 전치사일 경우에는 '~이래로'라는 뜻으로만 쓰이고, 접속사일 경우는 '~이래로'뿐만 아니라 '~때문에'라는 뜻으로도 쓰인다. 즉, '~때문에'라는 뜻은 접속사일 경우에만 가능하다는 것을 꼭 명심하자.

◎ It has been snowing since last night.
눈이 계속 내리고 있다, 지난 밤 이래로.

◎ This chemical must be dealt with cautiously since it is highly toxic.
이 화학제품은 조심스럽게 다뤄져야 한다, 왜냐하면 그것이 매우 유독하기 때문에.

■ Since가 접속사일 때 '~때문에'라는 뜻으로도 쓰인다.

---

23 _____ the coffee shop is located **near the office buildings, it** attracts many customers during lunchtime.

(A) Following
(B) Since
(C) Despite
(D) Therefore

빈칸은 접속사 자리이다. 보기 중에 접속사로 쓰이는 단어는 since밖에 없다. since는 전치사와 접속사로 동시에 쓰인다. '~이래로'뿐만 아니라 접속사일 경우 '~때문에'라는 뜻도 있다는 것을 꼭 기억하자. 위의 문제에서는 '~때문에' 의미로 쓰인 접속사 (B) since가 정답이다. '이유'를 의미하는 접속사에는 'because, as, since, now that'이 있다. 참고로 (A) Following은 '~후에'라는 뜻의 전치사이다. (C) Despite는 '반대'를 의미하는 전치사이다. (D) Therefore는 '그러므로'를 의미하는 접속부사이다. 보기의 단어들을 보고 그 단어가 전치사인지, 접속사인지, 아니면 접속부사인지 잘 구별할 수 있어야 한다.

■ Since가 '~이래로'라는 뜻일 경우 '현재완료'와 잘 어울려 쓰인다.

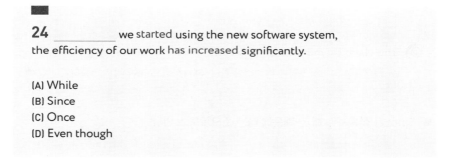

24 _____ we started using the new software system, the efficiency of our work has increased significantly.

(A) While
(B) Since
(C) Once
(D) Even though

보기는 모두 접속사로 구성되어 있다. 원칙적으로는 해석해서 문제를 풀어야 한다. 하지만 빈칸 뒤에 과거동사 started가 나왔고, 콤마 다음의 동사의 시제가 현재완료 has increased가 나왔기 때문에 '~이래로'를 의미하는 접속사 (B) since가 정답이다. '현재완료'는 시제부분에서 자세하게 다룰 예정이다.

12 'Until'은 전치사와 접속사 모두 쓰인다

until은 '~까지'라는 뜻으로 전치사와 접속사 양쪽 모두 쓰인다. 특히 빈칸 앞에 '부정어' not이 있거나, '연기하다' postpone과 같은 단어와 잘 어울려 정답으로 출제된다.

◎ The company picnic will be postponed until the end of this month.
회사 야유회가 연기될 것이다. 이번 달 말까지.

◎ He did not start to read until he was ten years old.
그는 읽는 것을 시작하지 못했다. 그가 10살이 될 때 까지.

■ Until은 부정어 'not'과 잘 어울려 쓰인다.

---

25 Production at our factory will not resume _____ all the flood damage has been repaired.

(A) prior
(B) with
(C) until
(D) even

빈칸 뒤에 완전한 문장이 나왔기 때문에 접속사자리 라는 것을 알 수 있다. 빈칸 앞에 부정어 not을 보는 순간 정답은 (C) until이다. 또한 보기 중에 접속사로 쓰이는 단어는 until밖에 없다. until은 '~까지'라는 뜻으로 전치사와 접속사

모두 쓰이는 단어이다. 꼭 알아두자! 전치사와 접속사 모두 쓰이는 5단어는 as, since, until, before, after가 있다.

- Until은 'postpone'과 잘 어울려 쓰인다.

26 Since the marketing director called in sick this morning, today's presentation will be _____ until tomorrow.

(A) postponed
(B) proceeded
(C) remained
(D) taken

보기를 보면 의미가 전부 다른 어휘 문제이다. 처음부터 끝까지 완벽하게 해석해도 쉽게 문제가 풀렸을 것이다. 하지만 어휘문제도 정답이 되는 단서를 빨리 찾아낼 수 있어야한다. 빈칸 뒤에 until과 잘 어울리는 단어 (A) postponed가 눈에 들어와야 한다. 이렇게 정답을 우선 선택한 후에 빠른 해석을 통해 다시 한번 정답임을 확인하자.

13 'Before'와 'Prior to'의 차이점은?

Before가 '~전에'라는 뜻은 잘 알고 있을 것이다. 하지만 주의할 것은 before는 전치사와 접속사 모두 쓰인다는 것을 꼭 알고 있어야 한다. 같은 의미인 'prior to'는 '~전에'라는 뜻의 전치사로만 쓰인다.

◎ Mr. Lee should complete his project first before he requests a promotion.
미스터리는 프로젝트를 먼저 끝내야 한다, 그가 승진을 요청하기 전에.

◎ The manger wanted to make an agreement before(=prior to) next Friday.
매니저는 합의하기를 원했다, 다음 주 금요일 전에.

■ Before는 '~전에'라는 뜻의 전치사와 접속사로 쓰인다.

---

27 _____ Ms Kim leaves for Paris, she and Mr. Lee will meet to discuss next week's sales presentation.

(A) Before
(B) Prior to
(C) Earlier
(D) Following

빈칸은 접속사 자리이다. 따라서 전치사와 접속사로 동시에 쓰이는 단어 (A) Before가 정답이다. (B) Prior to는 before와 같은 '~전에'라는 뜻이지만 전치사로 쓰이기 때문에 오답이다.

■ Prior to는 '~전에'라는 뜻의 전치사이다.

28 Please review the manual prior to _____ the water heater.

(A) install
(B) installing
(C) installed
(D) installation

빈칸 앞의 prior to는 '~전에'라는 뜻의 전치사이다. 빈칸 앞에 to를 부정사로 착각해서 동사원형 (A) install을 고르는 실수를 하지 말자. '전치사와 명사 사이는 동명사가 정답이다'라는 공식에 따라 (B) installing이 정답이다.

After가 '~후에'라는 뜻은 잘 알고 있을 것이다. 하지만 주의할 것은 after 는 전치사와 접속사 모두 쓰인다는 것을 꼭 알고 있어야 한다. 같은 의미인 'following'은 '~후에'라는 뜻으로 전치사로만 쓰인다.

◎ The manual was revised after workers pointed out several errors.
설명서가 수정되었다, 직원들이 여러 오류들을 지적한 후에.

◎ They received a handbook after(=following) the speech.
그들은 핸드북을 받았다, 연설 후에.

29 _____ the receipt of the loan application, the ABC bank will notify the applicant of approval or denial.

(A) Follows
(B) Follow
(C) Following
(D) Followed

빈칸 뒤에 명사 the receipt가 나왔다. 빈칸은 명사를 연결시켜주는 '전치사' 자리이다. of the loan application은 단지 수식어구일 뿐이다. '따르다'라는 의미의 동사 follow에 'ing'을 붙여 'following'이 되면 '~후에'라는 뜻의 전치사가 된다. 따라서 (C) Following이 정답이다. 참고로 '동사 + ing' 형태의 전치사 5개를 암기해두자. regarding ~대해서, concerning ~관해서, including ~포함해서,

excluding ~제외하고, following ~후에, 위의 다섯 단어가 보기에 등장하면 정답일 가능성이 매우 높다.

■ following 앞에 'the'가 있으면 '그 다음의'라는 뜻이다.

30 For reliable product test results, the _____ test procedures must be followed.

(A) follow
(B) following
(C) followed
(D) follows

follow는 '따르다'라는 뜻의 동사다. 여기에 '~ing'을 붙여 following이 되면 '~후에'라는 뜻의 전치사가 된다. 하지만 the를 붙여 the following이 되면 '그 다음의'라는 뜻의 형용사가 된다. 따라서 (B) following이 정답이다. the following은 정답으로 출제되기 보다는 독해하면서 굉장히 자주 만나게 될 것이다. following 앞에 the가 붙으면 '그 다음의'라고 해석하자.

제가 당신에게 전화할게요, 내가 거기 도착하면.

I will call you when I get there.

↓

형태 : **현재시제**
의미 : **미래의미**

위의 예문에서 '내가 전화를 하는 것'은 미래의 일이기 때문에 I will call you 를 썼다. '내가 거기에 도착하는 것'도 미래의 상황이기 때문에 when I will get there라고 해야 할 것 같다. 하지만 현재형 동사 get을 사용해서 미래를 표현해 준다. 즉 동사 'get'의 형태는 현재이지만 의미는 미래를 나타낸다.

아무 때나 이런 원칙이 다 적용되는 것은 아니다. 시간이나 조건의 부사절은 현재가 미래를 대신한다는 단서가 꼭 있어야만 한다. 형태와 의미가 일치하지 않기 때문에 이 부분의 시제가 어렵게 느껴질 것이다. 하지만 시간과 조건 접속사의 시제 공식만 알고 있으면 어렵지 않게 문제를 풀어낼 수 있다.

◎ When you arrive, a manager will meet you at the airport.
      ①   ②   ③

◎ If items are not packed carefully, they will be broken in transit.
     ①   ②   ③

① 위의 문장에서 주의할 점은 '시간 접속사'와 '조건 접속사' 다음에 나오는 동사의 시제이다.
② 동사의 시제를 의미상 미래를 써야 할 것 같지만 '현재 시제'를 써야한다.
③ 접속사가 없는 주절에서는 원칙대로 '미래 시제'를 쓴다.

시험에 자주 출제되는 시간 접속사로는 'when ~할 때, before ~전에, after ~후에, as soon as ~하자마자, until ~까지, by the time ~할 때쯤'이 있다. 조건 접속사로는 'if 만약 ~라면, unless 만약 ~아니라면, as long as ~하는 한, once '일단 ~하면'이 있다. 위의 시간과 조건 접속사 총 10개를 반드시 꼭 외우자. 특히 as soon as와 once가 토익 시험에 가장 많이 출제되고 있다.

■ 시제를 확인하고 시간이나 조건 '접속사'를 고르는 경우

31 _____ the Personnel Department reviews all resumes, the selected applicants will be interviewed individually.

(A) Nevertheless
(B) Despite
(C) Since
(D) Once

빈칸은 접속사 자리이다. (A) Nevertheless는 접속부사, (B) Despite는 전치사, (C) Since는 전치사와 접속사, (D) Once는 접속사이다. 따라서 (C) Since와 (D) Once가 정답 후보가 될 수 있다. 이때 무조건 해석하지 말고 문장의 시제를 살펴보자. 빈칸 다음의 동사의 시제가 현재 reviews가 나왔고, 콤마 뒤의 주절의 동사의 시제가 미래 will이 나왔기 때문에 빈칸은 조건 접속사 (D) once가 정답이다.

■ 시간이나 조건 접속사 다음에 '현재 시제'를 고르는 경우

32 As soon as we _____ all the relevant information, the problem will be discussed.

(A) receive
(B) will receive
(C) are receiving
(D) would receive

빈칸 앞에 as soon as '~하자마자' 시간 접속사가 있고, 콤마 다음 주절에 미래 시제 will이 있다. 시간이나 조건의 부사절은 현재가 미래를 대신한다는 공식에 따라 빈칸은 현재 시제 (A) receive가 정답이다.

■ 시간이나 조건 접속사와 현재 시제를 주고 '미래 시제'를 고르는 경우

33 If the traffic congestion is alleviated, they _____ public transportations to commute to work.

(A) use
(B) will use
(C) used
(D) would have used

조건 접속사 If 다음에 현재 동사 is가 나왔다. 빈칸은 미래 시제 will을 써야 한다. 따라서 정답은 (B) will use이다. 이렇게 시간이나 조건 접속사 문제는 시제 패턴 공식을 통해서 정답을 빠르게 고를 수 있는 연습을 충분히 해 두어야한다.

16 빈칸 앞에 will이 있으면 '시간이나 조건 접속사'가 정답이다.

◎ The speaker <u>will</u> make a speech <u>as soon as</u> he <u>is</u> ready.
　　　　　　①　　　　　　　　　　　②　　　　③

◎ A message <u>will</u> be sent <u>once</u> you <u>register</u> for the session.
　　　　　　①　　　　②　　　　③

위의 예문처럼 주절이 먼저 나오고, 접속사를 포함한 부사절이 뒤에 나올 수 있다. 이때 주의할 것은 시간이나 조건 접속사 다음의 동사의 시제 ③이 현재라는 사실이다. 특히 접속사 자리 ②에 빈칸이 있고, 앞의 주절의 시제 ①에 will이 있다면, 보기 중에 시간이나 조건 접속사를 골라라. 그게 정답이다. 즉, 빈칸이 접속사 자리일 경우 앞에 will이 보이면 시간이나 조건의 접속사가 정답이다.

■ 빈칸 앞에 will이 있으면 '시간 접속사'가 정답이다.

34 Mr. Lee will be transferred to the Chicago branch ＿＿＿＿＿＿ he has received a confirmation letter from the main office.

(A) after
(B) then
(C) that
(D) despite

빈칸은 접속사 자리이기 때문에 (A) after와 (C) that이 정답이 될 수 있다. 참고로 (B) then은 접속부사, (D) despite는 전치사이다. 이때 무조건 해석하기 전에 빈칸 앞뒤의 시제를 살펴보자. 빈칸 앞에 미래시제 will이 있고, 뒤에 현재완료 시제 has received가 있다. 따라서 시간 접속사 (A) after가 정답이 된다.

■ 빈칸 앞에 will이 있으면 '조건 접속사'가 정답이다.

35 Employees will move into the new headquarters _____ the building is finished.

(A) whether
(B) once
(C) as if
(D) yet

빈칸은 접속사 자리이기 때문에 보기 모두 정답 후보가 될 수 있다. 하지만 빈칸 앞에 미래 시제 will이 있다. 그렇다면 시간이나 조건 접속사가 정답이다. 시간 접속사에는 when, before, after, as soon as, until, by the time이 있다. 조건 접속사에는 if, unless, as long as, once가 있다. 대표적인 시간 접속사와 조건 접속사 10개를 확실하게 암기하자. 정답은 (B) once이다.

17 '그래서'로 해석되는 '결과' 접속사 that

◎ The problem is so hard that I can't solve it.
그 문제는 너무 어렵다. 그래서 나는 그것을 풀 수 없다.

◎ It is such a hard problem that I can't solve it.
그것은 그렇게 어려운 문제다. 그래서 나는 그것을 풀 수 없다.

접속사 that은 아무런 뜻이 없이 단순히 주어와 동사를 이어 주는 접속사이다. 즉, that은 새로운 주어와 동사가 나온다는 신호이다. 하지만 앞에 so나 such가 나오면 that을 '그래서'로 해석을 해 주면 된다. 이때 한 가지 주의할 점은 so와 such의 품사가 서로 다르다는 것이다. so는 부사고 such는 형용사이다. 그래서 so는 뒤에 hard 같은 '형용사'가 나오고, such는 a hard problem 같은 '명사 덩어리'가 나온다.

■ so 다음에 '형용사'가 나온다.

36 This system is _____ efficient that it is still used in many factories.

(A) very
(B) too
(C) so
(D) much

해석적으로 접근하면 (A) very와 (B) too도 가능할 것 같다. 하지만 빈칸 뒤에 접속사 that이 '그래서'라고 해석되려면 부사 (C) so가 정답이다.

■ such 다음엔 '명사 덩어리'가 나온다.

37 Mr. Lee has _____ a remarkable background that **he will be** appointed as manager of the company.

(A) so
(B) such
(C) that
(D) very

접속사 that이 '그래서'라는 뜻이 생기려면 so나 such가 필요하다. so는 부사이고 such는 형용사이다. 빈칸 뒤에 명사 덩어리 a remarkable background가 있기 때문에 (B) such가 정답이다.

18 '~하기 위해서'로 해석되는 '목적' 접속사 so that

◎ We climbed higher so that we can get a better view.
우리는 더 높이 올라갔다, 우리가 더 좋은 경치를 얻기 위해서.

◎ There is a coupon in order that shoppers can get discounts.
쿠폰이 있다, 쇼핑객들이 할인을 받기 위해서.

이번엔 so와 that이 따로 떨어져 있지 않고 한 덩어리로 붙어서 so that이 되면 목적의 의미로 '~하기 위해서'라는 뜻이 된다. 또한 빈칸이 접속사 자리이고 뒤에 조동사 can이 나오면 목적 접속사 so that이 정답이다. '~하기 위해서' in order that도 같은 표현의 접속사이다. 이때 구별해야 할 것은 in order to 다음에는 '동사원형'이 나온다는 사실을 꼭 기억하자.

■ 빈칸이 접속사 자리이고 뒤에 조동사 can이 있으면 'so that'이 정답이다.

38 Please use the online order form _____ the order can be processed more quickly.

(A) although
(B) however
(C) in order to
(D) so that

빈칸 다음에 완전한 문장이 나왔기 때문에 빈칸은 접속사 자리이다. (A) although는 접속사이다. (B) however는 접속부사이다. (C) in order to는 부정사이다. (D) so that은 접속사이다. 그렇다면 (A)와 (D)가 정답 후보가 될 수 있다. 하지만 뒤에 조동사 can이 나왔기 때문에 '목적'의 접속사 (D) so that이 정답이다.

■ '~하기 위해서' in order to 다음엔 '동사원형'이 나와야 한다.

39 We would appreciate it if you would offer helpful comments
_____ improve **overall service.**

(A) for
(B) because
(C) so that
(D) in order to

(C) so that과 (D) in order to는 '~하기 위해서'라는 뜻으로 의미는 똑같다. 하지만 쓰임은 다르다. so that은 뒤에 주어와 동사가 나오고, in order to는 뒤에 동사원형이 나온다. 빈칸 뒤에 동사원형 improve가 있기 때문에 정답은 (D) in order to이다. 위의 문제는 빈칸 다음에 동사원형 improve 한 단어만 보고도 정답을 빨리 맞힐 수 있어야한다.

19 상관접속사, 짝꿍 단어를 찾아라!

보기에 either, both, neither, not only 중에서 두 개 이상이 등장하면 무조건 상
관접속사 문제이다. 빈칸 뒤를 쫓아가다가 and가 보이면 both가 정답이고, or
가 보이면 either가 정답이다. nor가 보이면 neither가 정답이고, but also가 보
이면 not only가 정답이다. 거의 매달 출제되고 있는 상관접속사 문제는 이런 식
으로 숨은 그림을 찾듯이 해석하지 않고 빠르게 정답을 찾아낼 수 있어야 한다.

■ '둘 다 모두' both는 and와 단짝이다.

40 The board of directors said in the monthly meeting that we would
move into a _____ spacious and well-equiped office.

(A) either
(B) both
(C) neither
(D) not only

보기를 통해 상관접속사 문제임을 알 수 있다. 빈칸 뒤에 and가 보이는 순간 (B)
both가 정답이다.

■ '둘 중에 하나' either는 or와 단짝이다.

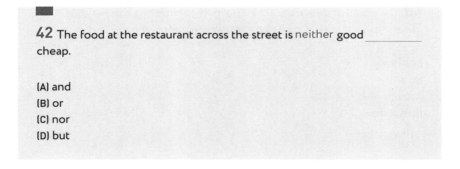

41 The Eastern Hotel offers guests either a continental breakfast in the cafeteria _____ a full breakfast at the restaurant.

(A) neither
(B) nor
(C) or
(D) both

빈칸 앞쪽에 either를 얼마나 빨리 찾아냈느냐가 관건이다. (C) or가 정답이다.

■ '둘 다 아니다' neither는 nor와 단짝이다.

42 The food at the restaurant across the street is neither good _____ cheap.

(A) and
(B) or
(C) nor
(D) but

빈칸 앞에 neither가 보인다. 따라서 (C) nor가 정답이다. 고민하지 말고 빨리 정답을 고르고 다음 문제로 넘어가자.

■ '뿐만 아니라' not only는 but also와 단짝이다.

43 We have to not only answer all the inquiries from customers _____ meet their needs.

(A) but
(B) therefore
(C) or
(D) and

보기에 and, or, but이 보인다. 그럼 이 셋 중에 하나가 정답일 가능성이 많다. not only A but also B에서 also 부사는 생략 가능하다. but만 있다고 해서 혼동하지 않도록 주의하자. 따라서 빈칸 앞에 not only가 있기 때문에 (A) but이 정답이다.

20 등위접속사의 특징은 무엇일까?

등위접속사는 총 6개가 있다. '그리고and, 또는or, 그러나but, 하지만yet, 그래서so, 왜냐하면for가 있다. 이 중에서 and가 집중적으로 출제된다. 만약 and를 중심으로 앞 또는 뒤에 밑줄이 있다면, and 앞뒤로 같은 품사의 단어가 나와야 한다는 공식이 먼저 떠올라야 한다.

위의 예문을 보면 접속사 다음엔 주어와 동사가 나온다는 원칙이 깨지고 있다. 등위접속사 and 다음에 갑자기 동사 distribute가 나와서 이상하게 보일 수도 있을 것이다. 하지만 문맥상 I should가 생략된 것뿐이지 실제로 원칙에서 벗어난 문장은 아니다.

이렇게 등위접속사는 반복되는 말이 있다면 생략하고 쓴다. 그래서 주어를 생략하고 바로 뒤에 동사가 나올 수 있다. 주의할 것은 모든 등위접속사가 무조건 생략시킬 수 있는 것이 아니라 and, or, but, yet만 이 원칙이 적용된다. 등위접속사 so와 for는 반드시 주어와 동사가 나와야 한다.

■ 등위접속사 and는 앞뒤로 같은 형태가 나와야 한다.

44 With the help of our knowledgeable clerks, you can find the perfect shoes for you, both _____ and comfortable.

(A) elegance
(B) elegantly
(C) elegant
(D) more elegantly

빈칸 뒤에 등위접속사 and가 있다. 그렇다면 앞뒤로 같은 형태의 품사가 나와야 한다. 뒤에 형용사 comfortable이 있기 때문에 앞에도 형용사가 나와야 한다. 만약 단어의 품사를 모르겠다면 ~ly를 삭제하고 남은 형용사 (C) elegant가 정답이다.

■ 등위접속사 and 뒤에 생략된 말이 무엇인지 찾아내라.

45 We appreciate the work you have done in our sales department and _____ forward to hearing from you soon.

(A) looks
(B) looking
(C) to look
(D) look

빈칸 앞에 등위접속사 and가 있다. and는 접속사이긴 하지만 반복되는 주어를 생략하고 바로 뒤에 동사가 나올 수 있다. 즉, 주어 We를 생략하고 앞의 동사 appreciate와 형태를 맞춰서 (D) look이 정답이다

■ 등위접속사 and 뒤에 동사가 바로 나올 수 있다.

46 Your responses to these questionnaires are essential for our analysis
_____ will help us in developing better software programs.

(A) because
(S) so
(C) however
(D) and

(A) 부사절 접속사 because 다음엔 주어와 동사가 나와야 한다. (B) 등위 접속사 so는 뒤에 주어와 동사가 나와야 한다. (C) 접속부사 however는 콤마가 나오고 주어와 동사가 나와야 한다. (D) 등위 접속사 and는 주어를 생략하고 바로 뒤에 동사가 나올 수 있다. 따라서 빈칸 다음에 동사 will help만 보고 문장 구조를 통해 해석하지 않고 맞힐 수 있다. 정답은 (D) and이다.

■ 등위접속사는 문장의 처음에 나올 수 없다.

47 _____ this is a confidential project, access to the meeting room should be limited only to the authorized staff.

(A) However
(B) Despite
(C) Because
(D) So

빈칸은 접속사 자리이다. 따라서 (A) However 접속부사 (B) Despite 전치사는 오답이다. 해석으로는 (C) Because 부사절 접속사와 (D) So 등위 접속사 둘 다 정답이 될 수 있을 것 같다. 하지만 등위접속사는 문장의 처음 부분에 나올 수 없다는 특징을 꼭 기억하자! 따라서 부사절 접속사 (C) Because가 정답이다.

'명사절'은 문장구조 파악이 중요하다

'명사절'이라고 하는 것은 주어나 목적어 자리에 '긴 문장'이 나와서 명사 역할을 하는 것을 말한다. 이때 긴 문장 앞에 써주는 접속사를 '명사절 접속사'라고 한다. 명사절 접속사에는 ① that ② if와 whether ③ 의문사 이렇게 총 3가지가 있다. 명사절 접속사 문제가 어렵게 느껴질 것이다. 왜냐하면 주어나 목적어 자리에 긴 문장이 나오기 때문이다. 최근 토익 시험은 문장 구조를 정확하게 파악해야 해결할 수 있는 문제가 많이 나온다. 따라서 평상시에 정확하게 문장 구조를 분석하고 차례차례 해석하는 연습도 꾸준해야 한다.

긴 문장이 명사 역할을 하는 경우

1. 긴 문장이 '주어'로 쓰이는 경우

> That Mr. Lee leaves the company is very sad.
> 미스터리가 회사를 떠나는 것이, 너무 슬퍼.

2. 긴 문장이 '목적어'로 쓰이는 경우

> I know that life is not fair.
> 나는 알아, 삶은 공평하지 않다는 것을.

3. 긴 문장이 '전치사의 목적어'로 쓰이는 경우

> I have not made up my mind yet about whether I should buy a new car or not.
> 나는 아직 마음을 정하지 못했어, 내가 새 차를 사야하는지 아닌지에 대해서.

4. 긴 문장이 be동사 다음에 '보어'로 쓰이는 경우

The problem **is** that I don't have any money.
문제는 말이야, 내가 어떤 돈도 없다는 거야.

48 _____ Mr. Lee has worked at our company for over 10 years shows his dedication and commitment.

(A) But
(B) Despite
(C) After
(D) That

보기 분석

(A) But 등위접속사는 문장의 처음에 나올 수 없기 때문에 오답이다.

(B) Despite 전치사는 뒤에 명사가 나와야 하기 때문에 오답이다.

(C) After 부사절 접속사는 문장 중간에 콤마가 나와야 하기 때문에 오답이다.

(D) 저 멀리 본동사 shows가 나왔기 때문에 명사절 접속사 (D) That이 정답이다.

문장 분석

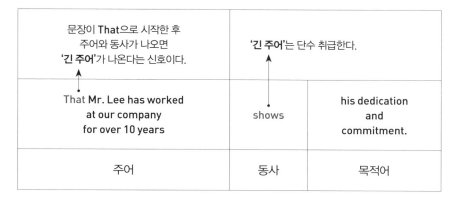

문장이 That으로 시작한 후 주어와 동사가 나오면 '긴 주어'가 나온다는 신호이다.	'긴 주어'는 단수 취급한다.	
That Mr. Lee has worked at our company for over 10 years	shows	his dedication and commitment.
주어	동사	목적어

■ 빈칸 뒤에 주어와 동사가 나온 상태에서, 뒤에 동사가 또 나오면 '명사절 접속사'가 정답이다.

49 _____ the department store is conveniently located in the downtown is the reason why it is crowded.

(A) According
(B) That
(C) If
(D) Anything

빈칸 뒤에 주어 the department store와 동사 is가 나온 상태에서, 저 멀리 뒤에 본동사 is가 또 나왔다. 따라서 빈칸은 명사절 접속사 자리이다. 명사절 접속사에는 that, if/whether, 의문사가 있다. 하지만 (C) If는 '~인지 아닌지' 명사절로 쓰일 때 문장의 처음에 쓰일 수 없다. 따라서 명사절 접속사 (B) That이 정답이다.

■ 빈칸 앞에 동사가 있는 상태에서, 뒤에 주어와 동사가 또 나오면 '명사절 접속사'가 정답이다.

50 The training manual describes _____ confidential files should be stored in order to meet the security codes.

(A) could
(B) this
(C) with
(D) how

빈칸 앞에 동사 describes가 있는 상태에서, 빈칸 뒤에 주어 confidential files와 동사 should be stored가 또 나왔다. 따라서 빈칸은 명사절 접속사 자리이다. 보기 중에 명사절 접속사는 의문사인 (D) how밖에 없다. '긴 주어'나 '긴 목적어'가 나오는 명사절 문장구조에 익숙해져야 한다.

긴 문장이 나온다는 것을 알려주는 '명사절 접속사' that

◎ That I love you is true.

내가 당신을 사랑하다는 것은 진실이다.

→ 문장이 That으로 시작하고 바로 뒤에 주어와 동사가 나오면 '긴 주어'가 나온다는 신호이다. 문장의 진짜 동사가 뭔지 잘 구별할 수 있어야 한다.

◎ I think (that) you are right.

나는 당신이 옳다고 생각한다.

→ 동사 바로 뒤에 that이 나오면 '긴 목적어'가 나온다는 신호다. 이때 that은 생략 가능하다. that이 생략되면 한 문장에 동사가 2개처럼 보이지만 틀린 문장이 아니다.

51 A recent survey indicates _____ the popularity of online games has been increasing.

(A) that
(B) which
(C) what
(D) those

think, believe, announce, indicate, show, suggest와 같은 동사 다음의 빈칸은 (A) that이 정답이라는 공식을 하나 알아 두자. 자세한 원리는 앞으로 자세히 배우게 될 것이다. '한 연구조사에 따르면' A study indicates that··· 덩어리 표현을 우선 암기해 두자!

🎯 This is the man that is in charge of the marketing department.
이 분이 마케팅 부서를 책임지고 있는 분이다.

→ that은 새로운 주어와 동사가 나온다는 신호다. 하지만 위의 예문에서는 주어 없이 동사 is가 바로 나왔다. 이런 경우는 주어가 없는 것이 아니라 that 자체가 앞에 나온 명사 the man을 대신하면서 '주어 역할'도 함께 한다. 주격 관계 대명사 that 대용으로 앞의 명사가 사람일 경우 who를, 사물일 경우는 which를 쓸 수 있다.

🎯 I read the book (that) you wrote.
나는 당신이 쓴 책을 읽었다.

→ that 다음에 새로운 주어와 동사가 나왔다. 하지만 you wrote 다음에 '무엇을'에 해당하는 목적어가 없다. 이런 경우는 목적어가 없는 것이 아니라 that 자체가 앞에 나온 명사 the book을 대신하면서 '목적어 역할'도 함께 한다. 목적격 관계대명사는 생략 가능하다.

52 The invoice _____ was received two days ago is inaccurate and a new one must be requested.

(A) there
(B) any
(C) that
(D) how

빈칸 앞에 사물명사 The invoice가 있고, 뒤에 동사 was가 있다. 그렇다면 빈칸은 앞에 나온 명사를 대신하면서 주어 역할도 함께 하는 주격 관계대명사 that이나 which가 나와야 한다. 정답은 (C) that이다.

새로운 의미가 첨가된 '부사절 접속사' that

◎ The problem is so hard that I can't solve it.
그 문제는 너무 어렵다, 그래서 나는 그것을 풀 수 없다.
→ 원칙적으로 that은 아무 뜻이 없다. 하지만 앞에 so가 나오면 that은 '그래서'라고 해석된다.

◎ The problem is such a hard one that I can't solve it.
그 문제는 그렇게 어려운 것이다, 그래서 나는 그것을 풀 수 없다.
→ such가 나오면 that은 '그래서'라고 해석된다.

◎ We climbed higher so that we can get a better view.
우리는 더 높이 올라갔다, 우리가 더 좋은 광경을 얻기 위해서
→ so that은 '~하기 위해서'라고 해석된다.

◎ I am happy that I passed the exam.
나는 행복하다, 왜냐하면 나는 시험에 통과했기 때문이다.
→ 감정형용사 다음의 that은 '왜냐하면 ~해서'라고 해석된다.

53 Some candidates were so highly qualified _____ it was hard to choose from them.

(A) unless
(B) that
(C) after
(D) even

빈칸은 접속사 자리이기 때문에 (A) unless (B) that (C) after가 정답 후보가 될 수 있다. (D) even은 '심지어'라는 뜻의 부사이다. 빈칸 앞에 부사 so가 있기 때문에 '그래서'로 해석되는 접속사 (B) that이 정답이다.

A study indicates that …
연구조사에 따르면

'indicate'의 1차적인 의미는 고갯짓이나 손가락으로 '가리키다'라는 뜻이다. 여기서 의미가 파생되어 가능성이나 조짐을 '나타내다'에서 간접적으로 '암시하다'라는 뜻으로 확장되어 간다.

'suggest'는 우리말로 '제안하다'라는 한 가지 뜻만 가지고 있는 게 아니라 문맥에 따라 여러 가지 의미로 파생된다. suggest는 밑에 깔아둔 생각을 바탕으로 내 머릿속에 있는 것을 끄집어내어 설명하는 것을 나타내는 동사로 '제안하다, 추천하다'에서 '넌지시 말하다, 암시하다'라는 뜻으로 의미가 확장되어 간다.

'show'는 시각적인 자료를 가지고 눈앞에서 '보여주다'라는 뜻이다. 물론 실질적이고 구체적인 예를 들어 주면서 '설명하다'라는 뜻으로 파생된다.

The study 그 연구조사는	indicates 가리키다 suggests 제안하다 shows 보여주다	that S + V …

독해할 때 'The study indicates/suggests/show that…'을 만나면 '그 연구조사에에 따르면'이라고 의역해야 자연스럽게 해석이 될 것이다.

■ indicate, suggest, show 다음의 빈칸은 접속사 'that'이 정답이다.

54 The sales report indicates _____ the management has been very concerned about the profits.

(A) that
(B) what
(C) these
(D) whose

보기에 what과 that이 동시에 있으면 둘 중 하나가 정답일 가능성이 매우 높다. 해석적으로 빈칸 뒤의 의미가 '완전한 문장'이면 that이 정답이고, '불완전한 문장'이면 what이 정답이다. 하지만 해석 없이 빈칸 앞에 동사 indicates만 보고도 (A) that이 정답이라는 것을 알 수 있어야 한다. 다음 표현을 입에 착 붙여놓자. 'A study indicates that…' 연구조사에 따르면…. 3번 반복해서 입 밖으로 소래내서 뱉어보세요.

■ 접속사 that 앞의 빈칸은 'indicate, suggest, show'가 정답이다.

67 The feasibility study _____ that the corner lot on Simon Avenue is a strategic location for the supermarket.

(A) centers
(B) changes
(C) indicates
(D) measures

빈칸은 동사 어휘를 고르는 문제다. 하지만 빈칸 뒤에 that과 잘 어울리는 동사 indicate, show, suggest를 알고 있다면 해석 없이 바로 (C) indicates를 쉽게 정답으로 고를 수 있었을 것이다. 토익점수를 빨리 올리고 싶다면 토익에 자주 나오는 덩어리 표현들을 최대한 많이 암기해 나가자!

What이냐 That이냐, 그것이 문제로다

what과 that은 다양한 쓰임을 가지고 있다. 문법 용어로도 여러 가지 이름으로 불린다. 이 두 단어가 보기 중에 같이 있다면 둘 중 하나가 정답일 가능성이 매우 높다. 문법 용어를 떠올려서 정답을 고르는 것이 아니라 각 단어의 특징을 적용해서 문제를 풀어야 한다. 다음의 공식을 꼭 기억해 두자. 명사절 접속사로 쓰일 때 that은 뒤에 '완전한 문장'이 나오고, what은 '불완전한 문장'이 나온다.

■ 빈칸 앞에 명사가 없고 뒤에 '불완전한 문장'이 나오면 what이 정답이다.

---

55 _____ the professor teaches is so practical that we can use it immediately.

(A) Because
(B) While
(C) That
(D) What

빈칸 다음에 주어 the professor와 동사 teaches가 나온 상태에서, 바로 뒤에 동사 is가 또 나왔다. 따라서 빈칸은 명사절 접속사 자리라는 것을 알 수 있다. (A) Because와 (B) While부사절 접속사는 〈접속사 + 주어 + 동사…, 주어 + 동사…〉처럼 중간에 콤마가 나와야 한다. (C) That과 (D) What이 정답 후보가 될 수 있다. 빈칸 뒤 the professor teaches 문장에서 교수님이 무엇을 가르치는지 목적어가 없는 '불완전한 문장'이 나왔기 때문에 (D) What이 정답이다.

■ 빈칸 앞에 명사가 없고 뒤에 '완전한 문장'이 나오면 that이 정답이다.

56 The president said _____ all employees should attend the company picnic with their families.

(A) what
(B) how
(C) something
(D) that

보기 중에 what과 that이 동시에 있으면 둘 중 하나가 정답이 될 가능성이 높다. 빈칸 앞에 명사가 없고 뒤에는 「모든 직원들은 회사 야유회에 가족과 함께 참석해야 한다」 '완전한 문장'이 나왔기 때문에 (D) that이 정답이다.

'∼인지 아닌지' whether의 3가지 특징

접속사 If를 보면 '만약 ∼라면' 가정법이 먼저 떠오를 것이다. 하지만 if가 문장 중간에 와서 동사의 목적어로 쓰이면 '∼인지 아닌지'의 의미가 된다.

> ◎ I am wondering if you could help me.
> 나는 궁금하다, 당신이 나를 도와 줄 수 있는지 아닌지를.

> ◎ I don't know if he can come.
> 나는 모르겠다, 그가 올 수 있을지 없을지를.

'∼인지 아닌지' if 대용으로 whether를 쓸 수 있다. if는 동사의 목적어로만 쓰일 수 있다. 반면에 whether는 동사의 목적어뿐만 아니라 주어로도 사용할 수 있고, 전치사 다음에 나 올 수도 있다. 'whether'의 특징은 혼자서 쓰일 수도 있고, whether A or B나 whether or not 또는 whether to 동사원형의 행태로 다양하게 쓰일 수 있다.

> ◎ He seemed undecided whether to go or stay.
> 그는 결정을 못 한 것 같았다, 가야 할지 머물러야 할지.

> ◎ I don't know whether or not an email message is spam.
> 나는 모르겠다, 이메일 메시지가 스팸 메일인지 아닌지.

> ◎ I don't know whether to attend the meeting.
> 나는 모르겠다, 그 회의에 참석해야 할지 말지.

■ whether는 'or'와 잘 어울려 쓰인다.

57 Mr. Lee remains uncertain about whether to register for the language program _____ the customer relation seminar.

(A) either
(B) and
(C) or
(D) neither

'～인지 아닌지' whether는 마치 상관접속사처럼 or와 잘 어울린다. (C) or가 정답이다.

■ 'whether or not'이 한 덩어리로 쓰일 수 있다.

58 The director has not made up his mind yet about _____ or not he should launch the new product.

(A) whether
(B) neither
(C) either
(D) unless

whether or not이 한 덩어리로 붙어 쓰일 수 있다. (A) whether가 정답이다.

■ whether는 바로 다음에 'to + 동사원형'이 나올 수 있다.

59 Our general manager will decide _____ to promote Gupta to the position of office supervisor.

(A) whether
(B) about
(C) this
(D) before

빈칸 앞에 동사 'decide결정하다' 또는 'determine결심하다'가 있으면 whether가 정답이다. 또한 whether의 특징은 바로 다음에 부정사, 즉 'to + 동사원형'이 나올 수 있다. (A) whether가 정답이다.

4

대관비
'기본 공식'

제가 실제로 인칭대명사표를 빈칸으로 만들어 놓고 쪽지시험을 본적이 있는데
요. 그 결과 때문에 놀라서 뒤로 자빠지는 줄 알았답니다. 토익 수업을 듣는 분
들은 거의 대부분 대학생 또는 직장인들입니다. 그런데 인칭대명사표를 정확
하게 제대로 다 쓰는 분들이 드물더라고요. 아~! 이거 참 놀랍지 않습니까? 이
런 기초적인 것을!

수강생 본인도 '헉! 내가 이걸 제대로 쓸 수 없다니…'라는 사실에 다시 한 번
놀라게 되더라고요. 너무 기초적인 것이라고 무시하지 말고 인칭대명사 격변
화표를 꼭 외워 두세요. 토익 시험에 매달 출제되는 아주 중요한 문법 파트입
니다. 특히 소유격이 시험에 가장 잘 나오니 '명사 앞은 소유격이 정답!'이라는
공식을 꼭 기억해 두세요.

		주격 은 / 는 / 이 / 가	소유격 ~의	목적격 ~을 / 를	소유대명사 ~의 것
단수	1인칭	I	my	me	mine
	2인칭	you	your	you	yours
	3인칭	he	his	him	his
		she	her	her	hers
		it	its	it	-
복수	1인칭	we	our	us	ours
	2인칭	you	your	you	yours
	3인칭	they	their	them	theirs

■ 빈칸 뒤에 동사가 있으면 '주격'이 정답이다.

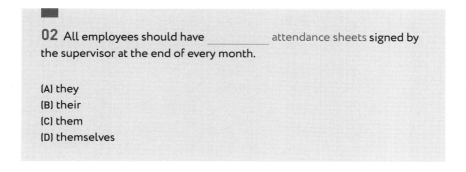

01 The president decided that _____ would not be attending the annual conference in New York next Monday.

(A) he
(B) his
(C) him
(D) himself

빈칸 앞에 접속사 that이 있고, 뒤에 조동사 would가 있다. 동사 앞은 주어 자리, 즉 주격 인칭대명사 (A) he가 정답이다.

■ 빈칸 뒤에 명사가 있으면 '소유격'이 정답이다.

02 All employees should have _____ attendance sheets signed by the supervisor at the end of every month.

(A) they
(B) their
(C) them
(D) themselves

명사 attendance 앞의 빈칸은 소유격 (B) their가 정답이다. 대명사의 격을 고르는 문제에서 명사 앞에 밑줄이 있다면 소유격을 고르면 된다. 인칭대명사는 '소유격'이 가장 많이 나온다.

■ 타동사 다음에 빈칸이 있으면 '목적격'이 정답이다.

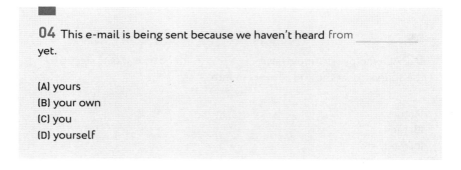

03 If you have any problem using the product, please contact _____ at any time.

(A) we
(B) our
(C) us
(D) ours

타동사 contact 다음의 빈칸은 목적격 (C) us가 정답이다.

■ 전치사 다음에 빈칸이 있으면 '목적격'이 정답이다.

04 This e-mail is being sent because we haven't heard from _____ yet.

(A) yours
(B) your own
(C) you
(D) yourself

전치사 from 다음의 빈칸은 목적격 (C) you가 정답이다.

영어는 반복하는 것을 굉장히 싫어한다. 그래서 His car is black, but my car is white. 라고 반복해서 말하지 않고, my car를 한 단어로 줄여서 'mine'으로 바꿔 준다. 이렇게 '소유격 + 명사'의 형태로 '~의 것'이라고 해석되는 대명사를 '소유대명사'라고 한다.

예를 들어 '내 친구들 중에 한 친구'를 영어로 a friend of my friends 라고 할 수 있을 것이다. 물론 틀린 문장이다. 영어는 반복하는 것을 너무나 싫어하기 때문에 my friends 즉, '소유격 + 명사'를 그냥 한 단어로 mine이라고 해 주면 된다. 그래서 결국 'a friend of mine' 이 된다.

■ 소유대명사는 '소유격 + 명사'를 한 단어로 줄여 쓴 것이다.

05 If your car is not repaired until tomorrow, you can use _____ to travel to attend the conference.

(A) me
(B) my
(C) mine
(D) myself

빈칸은 타동사 use의 목적어 자리이기 때문에 목적격 (A) me를 정답으로 고르는 실수를 할 수도 있다. '목적격'과 '소유대명사'를 잘 구별을 수 있어야 한다.

만약 위의 문제에서 목적격 me를 쓰면 「당신은 나를 사용할 수 있다」라는 의미가 된다. 위의 문제에서는 「당신은 나의 자동차를 사용할 수 있다」는 의미가 되어야 하기 때문에 'my car'를 한 단어로 줄여서 소유대명사 (C) mine이 정답이다.

■ 'a + 사람명사 + of' 다음에 빈칸이 있으면 '소유대명사'가 정답이다.

06 At the recommendation of a colleague of _____,
he could attract more clients.

(A) he
(B) his
(C) him
(D) himself

빈칸 앞에 'a + 사람명사 + of _____' 의 형태가 나오면 소유대명사가 정답이다. 3인칭 남성의 인칭대명사 격변화는 'he−his−him−his'이다. his는 소유격과 소유대명사가 같다. 덩어리 표현 'a friend of mine'을 입에 착 붙여놓자. 정답은 (B) his이다.

주어와 목적어가 같을 때 '셀프대명사'를 사용한다

주어 + 동사 + 목적어

주어자리엔
셀프대명사를
쓸 수 없다.

주어와 목적어가
같을 때
셀프대명사를 쓴다.

◎ I love you.

→ 주어인 내가(I) 사랑하는 동작(love)을 하는데 그 동작이 미치는 대상은 상대방 (you)이다. 즉, 주어와 목적어가 다른 경우이다.

◎ I love myself.

→ 주어인 내가(I) 사랑하는 동작(love)을 하는데 그 동작이 미치는 대상은 다른 사람이 아닌 자기 자신(myself)이다. 마치 부메랑이 던진 사람에게 다시 되돌아오는 것처럼, 주어가 한 동작이 자신에게 다시 되돌아와서 영향을 미치는 경우에 'self'가 붙은 '재귀대명사'를 사용한다. 즉, 대명사에 self가 붙으면 주어와 그 동작의 대상인 목적어가 같다는 뜻이다.

07 Mr. Lee has shown _____ to be a reliable employee with a strong work ethic.

(A) he
(B) himself
(C) his
(D) him

미스터리가 자기 자신이 믿을 수 있는 직원이 될 거라는 것을 드러내 보여줬다는 내용이다. 주어와 목적어가 같기 때문에 '셀프대명사' (B) himself가 정답이다.

부사처럼 쓰일 수 있는 대명사는 '셀프대명사' 뿐이다

부사처럼 쓰이는 '셀프대명사'의 위치는
주어 바로 뒤나 문장의 끝에 온다.

self 대명사   self 대명사

주어 + 동사 + 목적어

➤ 생략 가능

The president (himself) welcomed the new employees.
사장님이 직접 신입사원들을 환영했다.

➤ 생략 가능

I wrote this book (myself.)
내가 이 책을 직접 썼다.

위의 예문에서 himself와 myself는 빼 버려도 문장을 구성하는데 아무런 지장이 없다. 이렇게 어떤 단어를 생략해도 문장이 완전하다면, 그것은 의미를 강조해 주거나 첨가시켜 주는 부사 역할을 하는 것이다. 이때의 '셀프대명사'는 부사 기능을 갖기 때문에 생략이 가능하다. 의미는 주어가 '직접, 스스로'의 뜻을 가진다. 문장이 완전할 때 순수한 부사가 없다면 부사 역할을 하는 '셀프대명사'가 정답이다.

08 I have not yet found time to read accountant's report _____.

(A) me
(B) mine
(C) myself
(D) my

완전한 문장이 나왔기 때문에 빈칸은 부사 자리이다. 보기 중에 순수한 부사가 없기 때문에 주어의 의미를 강조해 주기 위한 셀프대명사 (C) myself가 정답이다.

◎ by oneself 혼자서, 스스로
◎ for oneself 혼자의 힘으로
◎ of itself 저절로
◎ in itself 본래 그 자체로
◎ between ourselves 우 리끼리 얘기지만
◎ beside oneself 제정신이 아닌

위의 셀프대명사의 덩어리 표현을 살펴보면 특정 전치사와 셀프대명사가 결합하여 총 6가지의 의미를 만들어 낼 수 있다. 하지만 위의 표현 전부를 암기할 필요는 없다. 토익은 '혼자서'를 의미하는 'by oneself'를 집중적으로 출제되고 있다. 만약 보기가 대명사로 구성되어 있고, 빈칸 앞에 전치사 by가 있다면 '셀프대명사'를 정답으로 고르면 된다. '스스로, 혼자서'를 의미하는 'on one's own' 덩어리 표현도 함께 알아두자.

■ 전치사 by 다음의 빈칸은 '셀프대명사'가 정답이다.

09 A chef Sue says that she prefers traveling by _____ to traveling with a tour group.

(A) she
(B) her
(C) herself
(D) hers

보기가 대명사로 구성되어 있고 빈칸 앞에 전치사 by가 보인다. 바로 셀프대명사 (C) herself를 고르고 다음 문제로 넘어가자. 'by herself'는 '그녀 혼자서'라는 뜻이다.

■ '내 혼자서' on my own 덩어리 표현을 암기하자.

10 Bruce Lee has decided to quit his job and start a financial consulting business on _____.

(A) his
(B) he
(C) his own
(D) himself

전치사 by 다음에 빈칸이 있으면 대명사 중에서 셀프대명사 (D) himself를 고르면 된다. 하지만 빈칸 앞에 전치사 on이 나왔다. 빈칸 앞에 전치사 by와 on의 덩어리 표현을 구별하는 문제이다. 전치사 on 다음에는 '혼자서, 스스로'를 의미하는 'on one's own' 형태 (C) his own이 정답이다.

영어는 같은 말을 똑같이 반복하는 것을 너무 싫어한다. 그래서 앞에서 했던 말을 짧게 다른 말로 바꿔 경제적으로 사용하려는 경향이 강하다. 이미 나온 명사를 일일이 반복하지 않고 대명사를 쓰면 글이 간결하게 되는 장점이 있다. 하지만 대명사를 남발하게 되면 글이 모호해질 수 있다는 단점이 있다. 그러므로 평상시에 독해를 하다가 대명사를 만나면, 그 대명사가 사람을 대신하는 인칭 대명사인지, 사물을 대신하는 인칭대명사 인지, 단수명사인지 복수명사인지를 확인해 두어야 문제를 해결할 수 있다. 대명사가 지칭하는 것을 찾아내 꼼꼼하게 해석하는 습관을 들이도록 하자.

◎ Please complete the survey and return it to our office as soon as possible.
그 설문지를 작성해 주세요, 그리고 그것을(그 설문지를) 우리 사무실로 제출해 주세요, 가능한 빨리.

◎ When employees speak to customers, they should always speak clearly.
직원들이 고객들에게 말할 때, 그들은(직원들은) 항상 명확하게 말해야 합니다.

it은 앞의 '단수명사'를 대신하고, they는 앞의 '복수명사'를 대신한다. 단순히 it을 '그것', they를 '그것들'이라고 하지 말고, 그 대명사들이 무엇을 나타내는지 꼼꼼하게 따져보는 연습을 하자.

■ 대명사 it은 앞의 '단수명사'를 대신한다.

11 Please pick up the brochure on the lobby desk and review
_____ thoroughly.

(A) it
(B) itself
(C) them
(D) themselves

앞의 단수명사 the brochure를 대신하기 때문에 (A) it이 정답이다.

■ 대명사 they는 앞의 '복수명사'를 대신한다.

12 When she is faced with problems, Cathy always tries to solve
_____ without asking for any help from others.

(A) it
(B) them
(C) herself
(D) this

앞의 복수명사 problems를 대신하기 때문에 (B) them이 정답이다.

06 비교 구문에서 반복 명사를 대신하는 that과 those

이것이나 저것의 어떤 대상을 콕콕 찍어서 뭔가를 가리키는 지시대명사에는 this와 that이 있다. 가까이 있는 것을 가리킬 때는 'this'를 쓰고, 멀리 있는 것을 가리킬 때는 'that'을 쓴다. 그리고 this의 복수형은 'these'이고, that의 복수형은 'those'이다. 기본적인 내용이지만 확실하게 알아 두자.

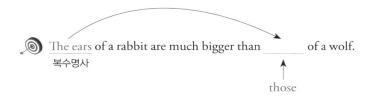

The ears of a rabbit are much bigger than _____ of a wolf.
복수명사

those

「토끼의 귀는 늑대의 귀보다 훨씬 더 크다.」라는 말을 하고 싶을 때 밑줄에 들어갈 말은 'the ears'이다. 하지만 영어는 반복하는 것을 아주 싫어한다. 그래서 똑같은 명사를 그대로 반복해서 쓰지 않고 대명사를 사용한다. 앞의 명사를 대신하는 '~의 무엇'이라고 할 경우 비교 구문에서 반복 명사를 대신하는 'that of + 명사' 또는 'those of + 명사'의 형태를 써주면 된다. 이때 항상 of 등의 전치사가 이끄는 전치사구가 뒤에 따라 나온다. 전치사 of 앞에 빈칸이 있다면 대명사 중에서도 that이나 those가 정답이다. 위의 예문에서는 앞의 '복수명사' The ears를 대신하기 때문에 those가 정답이다.

■ 비교 구문에서 앞의 '단수명사'를 대신하면 'that'이 정답이다.

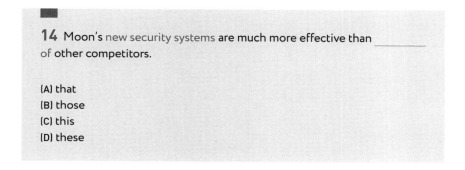

13 The quality of the new product is far better than _____ of the old one.

(A) that
(B) those
(C) them
(D) this

비교 구문에서 전치사 of 앞에 빈칸이 있을 때 that이나 those 둘 중 하나가 정답이다. 앞의 단수명사를 대신하면 'that'이 정답이고, 복수명사를 대신하면 'those'가 정답이다. 위의 문제에서는 앞의 단수명사 The quality를 대신하기 때문에 (A) that이 정답이다.

■ 비교 구문에서 앞의 '복수명사'를 대신하면 'those'가 정답이다.

14 Moon's new security systems are much more effective than _____ of other competitors.

(A) that
(B) those
(C) this
(D) these

비교 구문에서 전치사 of 앞의 빈칸은 명사 자리다. 보기에 순수한 명사는 없고 대명사가 있을 때 that이나 those 둘 중 하나가 정답이다. this나 these는 앞에 나온 명사를 다시 받는 기능이 없기 때문에 쓸 수 없다. 앞의 복수명사 security systems을 대신하기 때문에 (B) those가 정답이다.

관계대명사 문제풀이 3단계 공식

'관계대명사'라는 문법용어의 의미를 풀어보자. 관계대명사는 문장의 중간에서 양쪽의 관계를 이어 주는 '접속사 역할'과 앞에서 반복되는 명사를 대신해주는 '대명사 역할'을 동시에 수행하는 말이라는 뜻이다.

명사	관계대명사	문장구조
①	②	③

Step1 빈칸 앞 명사의 종류를 확인하자! 사람명사인지? 사물명사인지?

Step2 빈칸 뒤 문장 구조를 확인하자! 동사인지? 명사인지?

Step3 that의 제약 조건을 적용하자! 빈칸 앞에 콤마가 있는지? 전치사가 있는지?

앞에 나온 명사의 종류가 사람이면 who를, 사물이면 which를 사용한다. 반면에 that은 앞의 명사가 사람이건 사물이건 구분할 필요 없이 쓸 수 있다. 하지만 이때 주의할 점이 있다. 관계대명사 that은 앞의 명사와 찰싹 붙어 한 덩어리가 되고 싶어 하는 성질 때문에 앞에 쉼표를 찍지 못하고 전치사도 앞에 오지 못한다. 즉, that은 앞에 콤마나 전치사가 나올 수 없다는 제약 조건을 명심하자.

15 The City Community is sponsoring local artists, _____ paintings will be on display from this spring.

(A) who
(B) which
(C) that
(D) whose

`Step1` **빈칸 앞 명사가 사람인지 사물인지 확인해라!**

(A)(B)(C)(D) 보기를 통해 관계대명사 문제임을 알 수 있다. 빈칸 앞에 있는 명사가 어떤 종류의 명사인지 살펴보자. 빈칸 앞의 명사가 사람이면 'who'를 쓰고, 사물이면 'which'를, 그것도 아니면 사람이든 사물이든 언제든지 사용 가능한 'that'을 사용할 수 있다. 빈칸 앞에 사람명사 local artists가 나왔기 때문에 (B) which는 오답이다.

`Step2` **빈칸 뒤 문장 구조를 확인하라!**

빈칸 앞 명사의 종류를 확인했으면, 빈칸 뒤의 문장 구조를 확인해 보자. 빈칸 뒤에 동사가 바로 나오면 '주격 관계대명사'를 쓰고, 빈칸 뒤에 주어와 동사가 나오면 '목적격 관계대명사'를 사용하면 된다. 이때 빈칸 앞에 사람명사 local artists가 나왔다고 해서 너무 성급하게 (A) who를 고르는 실수를 하지 말자. 빈칸 뒤에 명사 paintings가 나왔기 때문에 소유격 관계대명사 (D) whose가 정답이다.

`Step3` **빈칸 앞에 콤마나 전치사가 있는지 확인해라!**

마지막으로 관계대명사 that은 사람이든 사물이든 상관없이 언제든지 사용할 수 있다. 하지만 앞에 콤마나 전치사가 있으면 사용할 수 없다는 제약 조건이

있다. 빈칸 앞에 콤마가 나왔기 때문에 (C) that은 오답이다. 또한 관계대명사 that은 소유격으로 사용되지 못한다.

■ 빈칸 앞에 '사람명사'가 있고 뒤에 '동사'가 나오면 who가 정답이다.

16 He is a contractor _____ rebuilt our parking lot.

(A) who
(B) which
(C) whose
(D) what

빈칸 앞에 사람명사 contractor가 있고, 뒤에 동사 rebuilt가 나왔기 때문에 주격 관계대명사 (A) who가 정답이다.

■ 빈칸 앞에 '사물명사'가 있고 뒤에 '동사'가 나오면 which가 정답이다.

17 He purchased a new product, _____ was released last month.

(A) who
(B) which
(C) whose
(D) that

빈칸 앞에 사물명사 product가 있고, 빈칸 뒤에 동사 was released가 나왔기 때문에 주격 관계대명사 (B) which가 정답이다. 빈칸 앞에 콤마가 나왔기 때문에 (D) that은 오답이다.

■ 빈칸 앞에 '명사'가 있고 뒤에도 '명사'가 나오면 whose가 정답이다.

18 Management hired a new director _____ qualifications surpassed the others.

(A) who
(B) which
(C) whose
(D) that

빈칸 앞에 사람명사 director가 있다고 해서 성급하게 바로 (A) who를 고르는 실수를 하지 말자. 빈칸 앞을 봤으면 반드시 빈칸 뒤도 살펴봐야 한다. 빈칸 뒤에 명사 qualification이 있기 때문에 소유격 관계대명사 (C) whose가 정답이다.

08 관계부사가 만들어지는 과정

아래의 두 문장을 한 문장으로 만들어 보세요.

 This is the house. + She lives in the house.

두 문장을 한 문장으로 만들기 위해서는 '접속사'가 필요하다. 반복 되는 명사 the house가 있으니까 그대로 반복해서 쓰지 않고 '대명사'로 바꿔 써준다. 접속사와 대명사 역할을 동시에 하는 것이 '관계대명사'이다. 사물명사를 대신하면서 문장을 연결시켜주는 관계대명사 which를 문장 중간에 쓰면 된다.

① This is the house which she lives in.

위의 문장이 전치사로 끝냈기 때문에 어색하고 잘못된 문장처럼 보일 수도 있다. 결론부터 미리 말하면 문장이 전치사로도 끝날 수 있다. 전치사구 'in the house'가 한 덩어리로 쓰이는 것을 선호하는 것처럼, 전치사 in을 관계대명사 which앞으로 이동시켜 in which, 즉 '전치사 + 관계대명사' 형태가 될 수 있다.

② This is the house in which she lives.

　└ 이것이 집이다, 그 집안에서 그녀가 산다.

'그 집 안에서'를 우리말로 잘 생각해 보면 '거기에서'라고 해도 전혀 문제가 없다. 따라서 in which'를 관계부사 'where'로 바꿔 쓸 수 있다.

③ **This is the house** where **she live.**

    └, 이것이 그 집이다. 거기에서 그녀가 산다.

빈칸 앞의 명사 the house는 사물명사도 되고 장소명사도 된다. 그렇다면 사물명사로 생각해서 '관계대명사' which를 쓸 것인지, 장소명사로 생각해서 '관계부사' where를 쓸 것인지를 결정해야 한다. 관계대명사와 관계부사의 차이점은 뒤에 나오는 문장 구조에 달려 있다. 관계대명사 다음에는 '불완전한 문장'이 나오고, 관계부사 다음에는 '완전한 문장'이 나온다.

■ 관계대명사는 '불완전한 문장'이 나오고, 관계부사는 '완전한 문장'이 나온다.

19 The auditorium _____ the Natural Science Association holds its annual symposium **will be closed this month for structural repairs.**

(A) when
(B) who
(C) where
(D) which

빈칸 앞의 명사 auditorium은 '강당'이라는 뜻으로 사물명사도 되고 장소명사도 된다. 빈칸 뒤에 완전한 문장이 나왔기 때문에 관계부사 (C) where가 정답이다.

■ 전치사 앞에 '사람명사'가 나오면 whom이 정답이다.

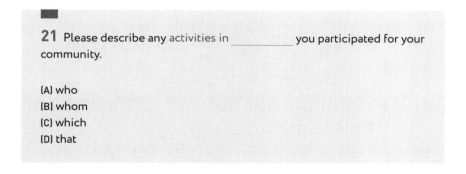

20 I would like to see the manager with _____ I talked on the phone yesterday.

(A) who
(B) which
(C) whom
(D) that

전치사 다음에 관계대명사가 나올 수 있다. 이때 앞의 명사만 확인하면 쉽게 맞힐 수 있다. 전치사 with앞에 사람명사 the manager가 나왔기 때문에 목적격 관계대명사 (C) whom이 정답이다. 관계대명사 that의 제약조건은 바로 앞에 전치사와 콤마가 나오지 못한다.

■ 전치사 앞에 '사물명사'가 나오면 which가 정답이다.

21 Please describe any activities in _____ you participated for your community.

(A) who
(B) whom
(C) which
(D) that

전치사 다음에 관계대명사가 나올 수 있다. 토익에서는 사람명사가 아니면 사물명사로 분류하자. 전치사 in 앞에 사물명사 activities가 나왔기 때문에 목적격 관계대명사 (C) which가 정답이다.

as가 나오면 'as'를 떠올려라!

as와 as 사이는 '원급'이 나와한다. 비교급이나 최상급이 나오면 안 된다. 원급이라는 말 때문에 부사가 원급이 아니라고 생각하는 경우가 많은 것 같다. 하지만 as와 as 사이에 빈칸이 있는 경우 형용사와 부사 모두 들어갈 수 있다. 빈칸 앞의 동사가 be동사면 '형용사'가 정답이고, 일반 동사가 나오면 '부사'가 정답이다.

■ 빈칸 주변에 as가 있으면 'as'가 정답이다.

22 Its current marketing strategy is not _____ efficient as the old one.

(A) as
(B) more
(C) than
(D) most

원급, 비교급, 최상급의 비교 표현 3형제가 보기가 등장했다. 빈칸 뒤에 as가 나왔기 때문에 (A) as가 정답이다.

■ 'as _____ as' 앞에 be동사가 나오면 '형용사'가 정답이다.

23 This new accounting system is as _____ as the former one.

(A) expensive
(B) expensively
(C) more expensive
(D) most expensive

'as _____ as' 사이에는 형용사와 부사의 원급이 들어가야 한다. 비교급 (C) more expensive와 최상급 (D) most expensive는 오답이다. 문장 구조를 분석해보자. 빈칸을 중심으로 앞의 as는 부사이기 때문에 삭제하자. 빈칸 뒤의 as는 전치사 역할을 하기 때문에 끊을 수 있다. 빈칸 앞에 be동사 is가 나왔다. 따라서 be동사 다음의 빈칸은 형용사 (A) expensive가 정답이다.

■ 'as _____ as' 앞에 일반 동사가 나오면 '부사'가 정답이다.

24 The recently upgraded computers runs as _____ as the new one.

(A) most efficient
(B) efficiency
(C) efficient
(D) efficiently

as와 as 사이에 비교급이나 최상급은 들어갈 수 없다. 최상급인 (A) most efficient는 오답이다. 형용사 (C) efficient와 부사 (D) efficiently가 정답 후보가 될 수 있다. 그렇다고 무턱대고 해석부터 하지 말자. 빈칸 앞의 as는 부사이기 때문에 없다고 생각하자. 일반 동사 run이 있기 때문에 동사를 수식해주는 부사 (D) efficiently가 정답이다.

than이 보이면 '비교급'을 떠올려라!

'~보다'라는 비교 대상을 나타내는 than이 빈칸 뒤에 나오면 '비교급'이 정답이다. 또한 lighter, more serious, less efficient와 같은 비교급이 보이면 'than'이 정답이다. 즉, than을 보고 비교급을 고르는 거나, 비교급을 보고 than을 고르는 쉬운 문제가 주로 출제된다.

◎ Plastic bottles are lighter than glass.
플라스틱 병이 더 가볍다, 유리보다.

◎ The situation was more serious than I thought.
상황이 더 심각했다, 내가 생각했던 것보다.

◎ The old system is less efficient than the new one.
오래된 시스템이 덜 효율적이다, 새로운 것보다.

much 많은, even 심지어, still 여전히, far 먼, a lot 많이. 이 단어들은 이렇게 각각의 고유한 뜻을 가지고 있다. 하지만 비교급을 강조해 주는 부사로는 쓰이면 '훨씬'이라는 뜻으로 의미가 바뀐다. 이 중에서 much와 even이 집중적으로 출제 되었다.

◎ Computers have become much more affordable.
컴퓨터들이 훨씬 더 저렴해졌다.

◎ The price was even higher than anticipated.
가격이 훨씬 더 높았다, 예상되었던 것보다.

■ 빈칸 뒤에 than이 있으면 '비교급'이 정답이다.

25 Over the past 10 years, real estate prices in rural areas have grown
_____ than real estate prices in urban areas.

(A) rapid
(B) more rapidly
(C) rapidly
(D) most rapid

보기를 통해 비교급과 최상급을 구별하는 문제임을 알 수 있다. 빈칸 뒤에 than
이 나왔기 때문에 주저 말고 바로 비교급 (B) more rapidly를 정답으로 고르면
된다. 비교급은 이렇게 빈칸 뒤에 than만 보고 정답을 고를 수 있는 단순한 문
제가 주로 출제되고 있다.

■ 빈칸 앞에 비교급이 있으면 'than'이 정답이다.

26 Renovating the office would be more expensive _____
transferring to a larger location.

(A) than
(B) and
(C) unless
(D) next

than을 주고 비교급을 고르는 문제가 나오거나, 반대로 비교급을 주고 'than'을
고르는 문제가 나올 수 있다. 빈칸 앞에 more가 보이는 순간 (A) than이 정답이다.

■ 비교급 앞에 빈칸이 있다면 much와 even이 정답이다.

27 Plastic is now a _____ more versatile construction material than it was in the past.

(A) very
(B) many
(C) evenly
(D) much

빈칸 뒤에 비교급 more가 나왔기 때문에 비교급 강조부사인 much, even, still, far, a lot 중에서 정답을 고르면 된다. 오히려 해석을 하면 (A) very도 정답이 될 수 있을 것 같지만 오답이다. very, too, so 등은 일반 형용사나 부사를 강조하는 부사로 비교급을 수식할 수 없다. much와 의미가 비슷한 (B) many도 오답이다. even과 모양이 비슷한 (C) evenly도 오답이다. 함정에 속지말자. 비교급 앞에서 '훨씬'이라고 해석되는 (D) much가 정답이다.

the가 보이면 '최상급'을 떠올려라!

최상급은 셋 이상의 비교 대상들 중에서 '최고'나 '최하'를 의미한다. 시험에는 주로 최상급의 가장 중요한 단서인 the를 동반한 형태가 많이 출제되고 있다. 빈칸 앞에 the가 나왔거나, Of all 복수명사, in the world, ever, among과 같이 셋 이상의 비교 대상들 또는 분야, 지역 등의 선택 범위를 동반한 단어가 눈에 보이는 순간 '최상급'이 정답이다.

 Of all the students, John is the most intelligent.
모든 학생들 중에서, 존이 가장 영리하다.

 Our international airport is the busiest in the world.
우리 국제공항이 가장 바쁘다, 세계에서.

 This is the most efficient machine I have ever used
이것이 가장 효율적인 기계이다, 내가 지금까지 사용해 본.

■ 빈칸 앞에 the가 있으면 '최상급'이 정답이다.

28 Mr. Lee ordered the _____ possible lights for the company's laboratories.

(A) brighter
(B) brightly
(C) brightest
(D) brighten

보기에 비교급 (A) brighter과 최상급 (C) brightest가 동시에 있다면, 둘 중 하나가 정답이 될 가능성이 매우 높다. 빈칸 앞에 the가 있기 때문에 최상급 (C) brightest가 정답이다.

■ 'Of all 복수명사'가 있으면 '최상급'이 정답이다.

29 Of all the applicants, Mr. Lee is the _____ qualified one to work on the project.

(A) most
(B) better
(C) more
(D) as

빈칸 앞에 the가 나왔기 때문에 최상급인 (A) most가 정답이다. 또한 앞에 'Of all the applicants'와 같이 한정해 주는 단서가 등장해서 더 확실하게 최상급이 정답이라는 것을 알 수 있다. 참고로 전치사 of는 '~의'라는 뜻이다. 하지만 뒤에 복수명사가 나오면 '~중에서'라고 해석된다.

■ 'The 비교급'으로 시작하면 'the 비교급'이 정답이다.

30 The longer **we wait to make this decision, the** _____ difficult it
will be to announce it to the public.

(A) most
(B) more
(C) much
(D) many

빈칸 앞에 the가 있다고 무조건 most를 고르지 말자. 원칙적으로 최상급에만 the를 쓸 수 있지만 비교급에서도 the를 쓸 수 있다. 문장이 'The + 비교급'으로 시작한다면 'the + 비교급'이 정답이다. 대표 예문을 하나 암기하자. 'The more, the better.' 더 많으면 많을수록, 더 좋아요. 빈칸 앞에 the가 나왔기 때문에 최상급인 (A) most로 눈길이 자연스럽게 갔을 것이다. 하지만 빈칸 앞에 the와 콤마가 있고, 문장이 'The longer'으로 시작했다. 따라서 뒤에도 'the + 비교급'의 형태가 나와야 한다. (B) more가 정답이다.

순서가 뒤죽박죽된 도치문장

'도치'라는 문법 용어를 한자사전에서 찾아보면 '도(倒)'는 '거꾸로'라는 의미이고, '치(置)'는 '두다'라는 뜻이다. 즉, 주어와 동사로 시작하는 일반적인 문장에서 한 단어나 또는 단어 덩어리를 앞쪽으로 이동시켜 거꾸로 둔다는 의미다. 그런데 도대체 왜 단어의 위치를 앞으로 이동시켜 문장의 순서를 바꿔 변형된 문장으로 만드는 것일까? 그 이유는 말을 하거나 글을 쓰는 사람이 중요하다고 생각되는 말을 제일 먼저 뱉음으로써, 그 말을 강조하거나 능률적으로 의미를 전달 할 수 있기 때문이다.

① 그 영화는 매진돼요, 오직 토요일에만.
② 오직 토요일에만, 그 영화는 매진돼요.

위에 있는 ①번과 ②번의 한국말 문장의 차이점을 한번 느껴 보자. ①번 문장을 영작하면 다음과 같다.

① **The movie is sold out** only on Saturday.

주어와 동사의 순서로 시작된 일반적인 문장이다. 그런데, 일요일도 금요일도 아닌 '오직 토요일에만' 그 영화가 매진된다는 사실을 강조해서 말하고 싶다면 'only on Saturday'를 문장의 제일 앞으로 이동시키면 된다.

그런데 문제는 정상적인 문장에서 어떤 말을 강조하기 위해서 위치를 바꿨으면 '도치'가 되었다는 확실한 증거를 남겨줘야 한다. 그래야 글을 읽거나 말을 듣는 사람이 헷갈리지 않고 "아~! 이건 원래 문장에서 도치된 문장으로 변형된 것이구나!"라고 이해할 수 있다. 따라서 be동사나 조동사를 앞으로 함께 이동시킴으로써 확실한 증표를 남겨 준다고 생각하면 된다.

② Only on Saturday is **the movie sold out.**

그래서 결국 위와 같은 문장이 탄생하게 되는 것이다.

■ 'Only'로 시작하면 도치된 문장일 가능성이 높다.

---

31 Only after **it began to offer significant discounts** did **the company**
_____ **to receive larger orders.**

(A) started
(B) starting
(C) starts
(D) start

도치되기 전의 원래 문장은 다음과 같다. The company started to receive larger orders only after it began to offer significant discounts. 하지만 'only after…' 이후의 문장을 강조하기 위해 앞으로 이동시켰다. 도치되었다는 표시를 해주기 위해서 be동사나 조동사를 함께 이동시켜 줘야한다. 하지만 일반 동사의 과거형 started이기 때문에 did를 앞으로 도치시키고 동사원형 (D) start가 정답이다.

13 '부정어'로 시작하면 도치된 문장이다

🎯 I never dreamed that he had told a lie.
나는 절대로 꿈에도 생각지 않았어, 그가 거짓말을 했으리라고는.

주어와 동사로 시작하는 완전한 문장에서 부정어 'Never'를 강조하고 싶어서 맨 앞으로 위치를 이동시킨다. 그럼 원래 문장에서 위치가 바뀌었다는 확실한 표시를 해주기 위해, be동사나 조동사가 있으면 함께 앞으로 이동시켜서 그 증표를 확실히 남겨줘야 한다. 하지만 위의 예문에서는 be동사나 조동사가 없다. 그래서 일반 동사인 dreamed를 앞으로 이동시키려고 하는 순간, 그 앞에 숨어 있던 조동사 'do/does/did' 중에서 did가 짠하고 등장해서 대신 앞으로 이동한다. 앞에서 조동사 did를 사용해 과거라는 표시를 해줬으니깐, 뒤에 나온 과거 동사를 동사원형 dream으로 바꿔 써준다. 그래서 결국 아래와 같은 문장이 탄생 된다.

🎯 Never did I dreamed that he had told a lie.
절대로 나는 꿈에도 생각지 않았어, 그가 거짓말을 했으리라고는.

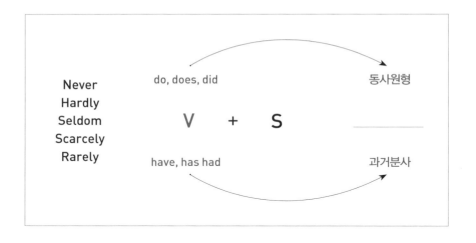

영어 문장은 주어와 동사로 시작하는 것이 원칙이다. 하지만 Never와 같은 '부정어'로 시작하면 강조를 하기 위해 도치된 문장임을 빨리 알아차리자. 도치구문을 묻는 문제는 정상적인 형태의 문장이 아니기 때문에 어렵게 느껴질 수 있다. 토익에서 알아야 할 부정어는 never, hardly, seldom, scarcely, rarely 총 5개가 있다. 문장의 시작을 다음과 같은 부정어로 시작하면 뒤의 문장 구조에서 주어와 동사의 순서가 뒤바뀌어 나온다. do, does, did와 같은 조동사가 나오면 뒤에 '동사원형'을 쓴다. have, has, had가 나오면 뒤에 '과거분사'가 나온다.

Never did I imagine that I would be doing something like this.
절대로 나는 상상도 하지 않았어, 내가 뭔가 이렇게 하리라고는.

Scarcely had she finished reading when she fell asleep.
그녀는 독서를 끝내자마자, 그녀는 잠이 들었다.

No sooner had he sat down than he fell asleep.
그는 앉자마자, 그는 잠이 들었다.

■ '절대 ～아니다' Never로 시작하면 도치된 문장이다.

32 Never did Mr. Lee's forthright style of communication _____ with his ability to maintain a cordial relationship with his colleagues.

(A) interfered
(B) interfere
(C) to interfere
(D) interfering

문장의 첫 단어가 부정어 Never로 시작했다. 그러면 도치된 문장임을 빨리 알아차리자. 조동사 did가 나왔기 때문에 주어 다음의 빈칸은 동사원형을 써야한다. 따라서 (B) interfere가 정답이다.

■ Scarcely A when B 구문은 'A 하자마자 B 했다'라는 뜻이다.

33 Scarcely had he _____ his performance when the audiences began to applaud.

(A) has finished
(B) finishing
(C) finishes
(D) finished

〈Scarcely had + S + p.p. … when S + 과거시제 ….〉의 문장 구조이다. 문장의 첫 단어 Scarcely가 '거의 ～아니다'라는 부정어라는 사실을 먼저 알아야 한다. 이렇게 부정어로 시작하면 도치된 문장이다. 빈칸 앞에 had가 있기 때문에 과거분사 (D) finished가 정답이다. 이 표현을 우리말로 직역하면 굉장히 어색한 해석이 된다. Scarcely A when B 구문은 'A 하자마자 B 했다'라는 의역으로 알아두자. 「그가 공연을 마치자마자 관중들이 박수치기 시작했다.」

■ No sooner A than B 구문은 'A 하자마자 B 했다'라는 뜻이다.

34 _____ did Mr. Hong invest in the company than its market share values grew by nearly 30 percent.

(A) No sooner
(B) Sooner
(C) The sooner
(D) Any sooner

빈칸 다음에 '조동사(did) → 주어(Mr. Hong) → 동사원형(invest)'의 순으로 도치된 문장이다. 또한 뒤에 than이 보이기 때문에 'A 하자마자 B 했다'의 구문인 'No sooner A than B' 표현 (A) No sooner가 정답이다.

14 'Enclosed'나 'Attached'로 문장이 시작될 수 있다

아래의 예문처럼 문장의 시작을 'Enclosed'나 'Attached'로 시작하는 문장을 자주 볼 수 있을 것이다. '동봉된' Enclosed나 '첨부된' Attached를 강조하고 싶어서 문장의 맨 앞으로 이동시킨 도치 문장이다.

A resume is enclosed.
이력서가 동봉된 상태이다.
→ Enclosed is a resume.

You will find a message attached.
당신은 첨부된 메시지를 찾게 될 것이다.
→ Attached you will find a message.

■ Enclosed '동봉된'이란 말로 문장이 시작될 수 있다.

---

35 _____ you will find my resume and a reference letter, so please call me after you examine it closely.

(A) Enclosed
(B) Enclosure
(C) Enclosing
(D) Enclose

이력서나 추천서가 동봉되었다는 사실을 강조하고 싶어서 Enclosed를 문장의

제일 앞으로 도치시킨 문장이다. 정답은 (A) Enclosed이다. 토익에서는 '동봉된 Enclosed'와 'Attached첨부된'은 과거분사 형태로만 정답이 출제된다.

■ Attached '첨부된'이란 말로 문장이 시작될 수 있다.

36 _____ are the lists of vacant positions that should be filled promptly.

(A) Attach
(B) Attaching
(C) Attached
(D) Attachment

빈칸이 주어 자리처럼 보이기 때문에 명사 (D) Attachment를 정답으로 고르기 쉽다. 하지만 '첨부된 상태'를 강조하기 위해 도치시킨 문장으로 (C) Attached가 정답이다.

5

핵심동사
'패턴 공식'

전체 문장 구조는 '동사'가 모든 것을 결정한다

영어는 아무리 복잡한 문장이라도 주어와 동사로 시작하는 것이 원칙이다. 영어 문장을 해석할 때 무조건 주어와 동사를 찾아라. 그러면 주어 다음에 나올 수 있는 동사의 패턴은 딱 두 가지로 정해져 있다는 것을 알 수 있다. 첫 번째는 am, are, is와 같이 상태를 연결시켜 주는 'be동사'가 있다. 다른 하나는 동작을 나타내는 get, take, make와 같은 '일반 동사'가 있다.

여기서 일반 동사를 또 두 가지로 분류할 수 있다. 동사 뒤에 '무엇을'에 해당하는 '목적어=대상=타인'이 전혀 필요치 않고 혼자서 스스로 존재할 수 있는 '자동사'가 있다. 다른 하나는 동사 뒤에 '목적어=대상=타인'을 끌어들여 움직이게 만들거나 영향을 끼치는 '타동사'가 있다.

■ be동사 다음은 '형용사'가 정답이다.

01 The manager of the Purchasing Department is _____ for buying all office supplies.

(A) responsibly
(B) responsible
(C) responsibility
(D) responsibilities

be동사 다음에 여러 가지 품사가 나올 수 있다. 하지만 토익은 거의 대부분 '형용사'를 고르는 문제가 나온다. 형용사 (B) responsible이 정답이다.

■ 자동사 다음은 '부사'가 정답이다.

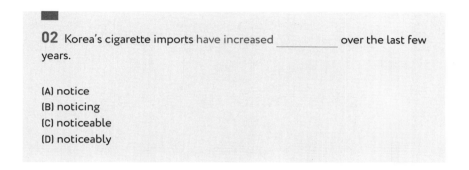

02 Korea's cigarette imports have increased _____ over the last few years.

(A) notice
(B) noticing
(C) noticeable
(D) noticeably

원칙적으로는 동사 다음의 빈칸은 목적어, 즉 명사가 정답이다. 하지만 토익에 잘나오는 자동사 work, begin, grow, increase, decrease 다음에 빈칸이 있으면 부사가 정답이 된다. 따라서 (D) noticeably가 정답이다.

■ 타동사 다음은 '명사'가 정답이다.

03 The new manager showed _____ to dividing the sales department into separate marketing and research departments.

(A) resistantly
(B) resisting
(C) resisted
(D) resistance

만약 자동사인지 타동사인지 모르겠다면 대부분의 일반 동사는 목적어가 필요한 타동사라로 생각하자. 빈칸 앞의 동사 showed 다음에 목적어인 명사가 나와야 한다. 만약 단어를 몰라도 꼬리가 −ance로 끝난 (D) resistance가 정답이다.

Be동사 다음에 뭐가 나올 수 있을까?

be동사 다음에 나올 수 있는 8가지

① I am a student. → 명사

② She is beautiful. → 형용사

③ He is working hard. → 현재분사

④ I am tired. → 과거분사

⑤ The book is on the desk. → 전치사

⑥ She is there. → 장소부사

⑦ The purpose of the surveys is to gather information. → to 부정사

⑧ The expectation is that many people will attend the seminar. → 접속사 that

위의 예문에서 볼 수 있는 것처럼 be동사 다음엔 '명사, 형용사, 현재분사, 과거분사, 전치사, 장소부사, to부정사, 접속사 that'이 이렇게 총 8개가 나올 수 있다. 하지만 토익에서는 be동사 다음에는 거의 대부분 '형용사'만을 묻는 문제가 주로 출제되고 있다. 따라서 밑줄 앞에 be동사가 있으면 형용사를 먼저 떠올려야 한다. 이거 너무 좋지 않나요? be동사 다음에 형용사만 고르면 된다니….

■ be동사 바로 다음에 빈칸이 있는 경우

04 Regular technical training is _____ to maintaining creative, motivated and knowledgeable employees.

(A) vital
(B) vitally
(C) vitality
(D) vitalize

빈칸 앞에 be동사 is가 있고 뒤에 전치사 to가 있기 때문에 빈칸은 형용사 자리이다. 따라서 정답은 (A) vital이다. 각 단어의 꼬리 형태를 보고 품사를 정확히 알 수 있어야 한다.

05 Although the restaurant has only been open for six months, it has been _____ in attracting many customers.

(A) success
(B) succeed
(C) successful
(D) successfully

빈칸 앞에 has been이 있다. 그러나 been도 be동사의 변형된 형태일 뿐이다. am, are, is, was, were, been, being 와 같은 be동사 다음의 빈칸은 형용사 (C) successful이 정답이다.

■ be동사 다음에 부사가 있고 빈칸이 있는 경우

06 The Job Fair was mutually _____ to both job seekers and recruiters.

(A) benefit
(B) benefited
(C) beneficial
(D) beneficence

빈칸 앞의 부사 mutually가 있다. 부사는 단지 뉘앙스를 첨가해주는 조미료 같은 역할을 할 뿐이다. 특히 빈칸 앞에 부사가 있을 때는 무조건 삭제하자. 그럼 be동사 was가 있고 뒤엔 전치사 to가 있기 때문에 끊을 수 있다. 수동태를 떠올려서 (B) benefited를 고르는 실수를 하지 말자. 순수한 형용사와 분사가 있을 때는 순수한 형용사 (C) beneficial이 정답이다.

07 The incentive program will motivate employees to be more _____.

(A) product
(B) productive
(C) production
(D) productivity

more, less, very, quite, not, even, much와 같은 부사가 있으면 무조건 삭제하자. 이와 같은 부사들을 빈칸 앞에 삽입해서 헷갈리게 하는 경우가 많이 있으므로 주의해야 한다. be동사 다음에 형용사 (B) productive가 정답이다.

형용사가 정답인 be, become, remain

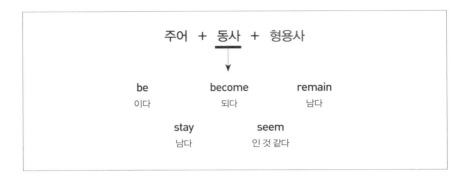

주어 + **동사** + 형용사

be
이다

become
되다

remain
남다

stay
남다

seem
인 것 같다

be, become, remain, stay, seem 동사 뒤에 여러 가지 품사가 나올 수 있다. 하지만 토익은 대부분 형용사가 정답으로 출제된다. 이 단어들 중에서 토익은 be 동사와 become을 집중적으로 출제 하고 있다.

◎ Real estate investments are profitable.
부동산 투자는 수익성이 있는 상태이다.

◎ The company became competitive.
그 회사는 경쟁력 있는 상태가 되었다.

◎ Sales volumes have remained steady.
판매량이 안정된 상태로 남아 있다.

■ be동사 다음의 빈칸은 '형용사'가 정답이다.

08 Ron Star Corporation is _____ that this year's financial strategy will reduce its tax liability.

(A) optimistic
(B) optimism
(C) optimist
(D) optimistically

빈칸 앞에 be동사 is가 있고 뒤에 접속사 that이 있기 때문에 끊을 수 있다. be동사 다음에 여러 가지 품사가 나올 수 있다. 하지만 토익은 be동사 다음에 거의 대부분 '형용사'가 정답으로 나온다. 따라서 (A) optimistic이 정답이다.

■ become 다음의 빈칸은 '형용사'가 정답이다.

09 Since HT Corporation entered the global market, its products have become more _____.

(A) value
(B) valuing
(C) valuable
(D) valuably

빈칸 앞의 more를 삭제하면 become동사가 보인다. 따라서 정답은 형용사 (C) valuable이다. 한국말로 해석을 해보면 '제품이 더 가치 있게 되었다'라고 부사처럼 해석된다. 그렇다고 해서 부사 (D) valuably를 고르는 실수를 하지 말자.

■ remain 다음의 빈칸은 '형용사'가 정답이다.

10 After moving to a new location, the previously occupied space will
remain _____ for the warehouse of the company.

(A) vacant
(B) vacantly
(C) vacate
(D) vacancy

빈칸 앞에는 remain이 있다. 동사 remain 다음에 여러 가지 패턴이 나올 수 있다. 하지만 토익은 대부분 형용사가 정답으로 출제된다. 만약 단어를 몰라도 '~ly'를 삭제하고 남은 것이 형용사다. 정답은 (B) vacant이다.

There is/are 다음엔 '명사'가 나온다

There is '명사(=주어)'가 만들어지는 과정

한 남자가 저쪽에 있는 상태를 영어로 표현해 보면 A man is there.이다. 저기에 'there'를 강조하기 위해 문장 제일 앞으로 이동시키고, be동사 is도 앞으로 같이 도치된다. 그래서 결구 There is a man.과 같은 문장이 탄생했다. 해석은 '저기에 한 남자가 있다' 하지만 '저기에'라는 의미는 없어지고 최종적으로 '~가 있다'라는 의미로 완전히 굳어져 버린다. 'There is/are…'로 시작하는 구문은 뒤에 주어, 즉 '명사'가 나온다는 사실이 중요하다. 차이점은 There is 다음엔 '단수명사'가 나오고, There are 다음엔 '복수명사'가 나온다.

◎ There is <u>a man</u> in the room.
　　　주어 (=단수명사)

◎ There are <u>some confusions</u> about the price.
　　　주어 (=복수명사)

■ There is 다음엔 '단수명사'가 나온다.

11 _____ is one possible solution **to the trade issue.**

(A) It
(B) He
(C) They
(D) There

가주어를 떠올려서 (A) It을 고르는 실수를 하지 말자. 빈칸 뒤에 단수명사 one possible solution이 있기 때문에 '~가 있다'라는 뜻의 (D) There가 정답이다.

■ There are 다음엔 '복수명사'가 나온다.

12 Dr. Lee acknowledges that there are _____ to her research.

(A) limited
(B) limiting
(C) limitations
(D) limit

빈칸 앞에 be동사 are가 있어서 과거분사 (A) limited가 정답이라고 착각하기 쉽다. 하지만 '~가 있다' there are 구문은 뒤에 '복수명사'가 나와야 하기 때문에 (C) limitations가 정답이다.

05 '자동사'와 '타동사'가 동시에 될 수 있다

대부분의 많은 일반 동사들이 문맥에 따라 자동사로 쓰이기도 하고, 또 어떤 경우엔 타동사로 쓰이기도 한다. 자동사로만 혹은 타동사로만 쓰이는 동사는 영어 동사들 중에서 일부에 불과하다. 그래서 '자동사로만 쓰이는 동사' 또는 '타동사로만 쓰이는 동사'라고 따로 외운 단어가 아니라면, 자동사니 타동사니 하는 문법 용어에 너무 집착 하지 말자. 그냥 편하게 열린 마음으로 '거의 모든 일반 동사들이 자동사와 타동사가 동시에 될 수 있다.'라고 생각하면 된다. 이 둘의 가장 큰 특징은 자동사는 목적어가 없고, 타동사는 목적어가 있다는 것이다.

increase (자) 증가하다 (타) 증가시키다

The price of oil increased.
석유 가격이 인상되었다.

They increased the price.
그들은 가격을 인상시켰다.

work (자) 일하다, 작동하다 (타) 작동시키다

The phone is not working.
전화가 작동이 안 된다.

Do you know how to work the coffee machine?
어떻게 커피 기계를 작동시키는지 아세요?

change (자) 변하다 (타) 변화시키다

◎ Rick has changed a lot.
릭은 많이 변했다.

◎ Computers have changed the way people work.
컴퓨터는 사람들이 일하는 방식을 변화시켰다.

■ benefit이 '자동사'로 쓰이는 경우

13 All sales representatives can benefit _____ the wireless network expansion scheduled for the upcoming month.

(A) from
(B) of
(C) to
(D) at

benefit은 명사로 '이익, 혜택'이라는 뜻이다. 또한 동사로도 쓰인다. '~로부터 이익을 얻다'라는 자동사로 쓰일 경우에는 전치사 from이 뒤에 나와야 한다. 따라서 (A) from이 정답이다.

■ benefit이 '타동사'로 쓰이는 경우

14 We try to form alliances with many companies whose services
will _____ our clients.

(A) benefits
(B) benefiting
(C) benefited
(D) benefit

benefit이 '~에게 이익을 주다'라는 뜻의 동사로 쓰일 때 to와 같은 전치사가 필요할 것 같다. 하지만 타동사로 전치사 없이 바로 목적어가 나와야 한다. 위의 문제에서는 조동사 will 다음에 동사원형 (D) benefit이 정답이다. 뒤에 전치사 없이 바로 목적어 our clients가 나왔다.

06

토익 대표 자동사
rise, happen, disappear

모든 동사들을 자동사와 타동사로 따로따로 구분해서 외울 수는 없다. 많은 동사들이 자동사와 타동사 양쪽으로 쓰일 수 있다. 하지만 토익 시험에 많이 나왔던 자동사로만 쓰이는 몇 가지 핵심 자동사들을 암기해 둘 필요가 있다.

---

rise 오르다

happen 일어나다 = **take place** = **occur** 발생하다

disappear 사라지다 ↔ **appear** 나타나다

◎ The oil price ~~was risen~~. 오일 가격이 올랐다.
　　　　　　　　 rose

◎ Some problems ~~were happened~~. 약간의 문제들이 발생했다.
　　　　　　　　　 happened

◎ Some files ~~were disappeared~~. 몇몇 파일들이 사라졌다.
　　　　　　　　 disappeared

위의 예문들을 한국말로 해석하면 충분히 수동태로 쓰일 것 같다. 하지만 자동사들은 목적어가 없어도 완전한 문장이 되며, 수동태로 쓰일 수 없다. rise, happen, disappear를 보는 순간 '이 동사들은 자동사이기 때문에 수동태의 형태가 될 수 없어!'라는 문법 사항을 떠올려서 문제를 빨리 풀어낼 수 있어야 한다.

■ '오르다' rise는 자동사로 수동태가 될 수 없다.

15 The stock price of Simon Company _____ sharply after the release of its annual profits.

(A) rise
(B) rose
(C) risen
(D) was risen

빈칸은 동사 자리이다. 우선 동사가 아닌 과거분사 (C) risen는 오답이다. 문장의 주어 The stock price가 3인칭 단수이기 때문에 현재형 동사에 's'를 써야 한다. (A) rise도 오답이다. 정답의 후보는 과거동사 (B) rose와 수동태 (D) was risen이 될 수 있다. 「주식 가격이 급격히 오르게 되었다」라고 해석 될 수 있기 때문에 수동태를 써야 할 것 같다. 하지만 자동사들은 수동태가 되지 못한다는 사실을 미리 알고 있다면 (D) was risen도 오답이다 따라서 정답은 (B) rose이다.

■ '발생하다' take place는 자동사로 수동태가 될 수 없다.

16 The annual meeting will _____ on May 20, and you should register for it in advance.

(A) take place
(B) be taken place
(C) taking place
(D) takes place

빈칸 앞에 조동사 will이 있기 때문에 동사원형이 나와야 한다. (C) taking place 와 (D) takes place는 오답이다. 자동사는 수동태로 쓰일 수 없기 때문에 (B) be taken place도 오답이다. 따라서 (A) take place가 정답이다.

넌 누구니? 자동사야, 타동사야?

영어의 수없이 많은 동사들을 '자동사'와 '타동사'로 따로따로 구별해서 외울수는 없다. 하지만 해석상으로 자동사로 착각하기 쉬운 타동사들이 있다. 타동사는 전치사를 쓰지 않고 목적어가 바로 나온다. 이때 '자동사 + 전치사'가 타동사와 유사한 의미를 갖는 동사들에 주의해야 한다. 우리의 상식과 일치하지 않는 토익에 자주 등장하는 자동사와 타동사는 따로 기억해두자.

해변에 도착하다

① reach the beach
　타동사 + 명사

② arrive at the beach
　자동사 + 전치사 + 명사

reach는 '~에 도착하다'라는 뜻이다. 전치사 at을 써야할 것 같다. 그러나 'reach the beach'처럼 도착하는 대상이 바로 나와야 한다. 만약 전치사 at을 쓰고 싶다면 'arrive at the beach'라고 표현해야 한다. reach처럼 명사가 바로 나오는 동사를 '타동사'라고 하고, arrive처럼 전치사가 뒤에 붙는 동사를 '자동사'라고 한다. 하지만 이 단어는 타동사, 저 단어는 자동사라고 구별하지 말고 덩어리 표현을 입에 착 붙여 놓자.

17 Please ask the conference guests from New Delhi to telephone our
office when they _____ at their hotel.

(A) arrive
(B) reach
(C) drive
(D) come

해석보다는 동사의 특징을 정확히 알아야 풀 수 있는 자동사와 타동사 구별 패턴 문제이다. 빈칸 뒤에 전치사 at이 있기 때문에 (A) arrive가 정답이다. (B) reach가 정답이 되려면 전치사 at없이 바로 목적어 their hotel이 나와야 한다.

회의에 참석하다	① attend the meeting 타동사 + 명사 ② participate in the meeting 자동사 + 전치사 + 명사

해석상으로 attend는 '~에 참석하다'라는 뜻으로 전치사가 필요할 것 같다. 즉, '무엇을'에 해당하는 목적어를 취하지 않아 전치사를 받는 자동사로 착각하기 쉽다. '회의에 참석하다'는 두 가지로 표현할 수 있다. 하나는 'attend the meeting'이고, 또 다른 하나는 'participate in the meeting'이다. participate를 보면 자동적으로 전치사 in을 떠올리자.

18 ABC Company encourages staff to _____ the evening seminars.

(A) attend
(B) participate
(C) enroll
(D) go

보기 동사들의 의미가 비슷할 때는 자동사와 타동사에 유의해야 한다. 빈칸 뒤에 전치사 없이 바로 명사가 나왔기 때문에 (A) attend가 정답이다. (B) participate가 정답이 되기 위해서는 전치사 in이 필요하다. (C) enroll '등록하다'가 정답이 되기 위해서는 전치사 in이 필요하다. (D) go가 정답이 되기 위해서는 전치사 to가 필요하다.

자동사로 혼동하기 쉬운 '타동사'

한국말 의미	미국말 표현
건물에 접근하다	access the building
기차역에 접근하다	approach the station
방문객들과 동행하다	accompany the visitors
판매부서에 연락하다	contact sales department
계획에 대해 토론하다	discuss the plan
방으로 들어가다	enter the room
문제를 조사하다	inspect the problem
클럽에 가입하다	join the club
그녀와 결혼하다	marry her
본사에 방문하다	visit the headquarters

짝으로 출제되는 '자동사 + 전치사'

한국말 의미	미국말 표현
~을 설명하다	account for
~에 지원하다	apply for
~을 불평하다	complain about
~에 집중하다	concentrate on
~에 기여하다	contribute to
~을 방해하다	interfere with
~에 반응하다	react to
~을 참고하다	refer to
~을 삼가 하다	refrain from
~을 구독하다	subscribe to

묻고
reach (?) ──────▶ the beach
participate (?) ──────▶ in the meeting
comply (?) ──────▶ with the regulations
respond (?) ──────▶ to the question
대답하기

의미는 같지만 다르게 표현하는 자동사와 타동사 표현을 입에서 바로 자동적으로 튀어나올 정도로 확실하게 암기하자.

한국말 뜻	영어 표현
해변에 도착하다	reach the beach arrive at the beach
회의에 참석하다	attend the meeting participate in the meeting
문제를 토론하다	discuss the problem talk about the problem
질문에 대답하다	answer the question respond to the question
계획에 반대하다	oppose the plan object to the plan
문제를 처리하다	handle the problem deal with the problem
규정을 준수하다	observe the regulations comply with the regulations
매니저에게 말하다	tell the manager say to the manager
누군가를 기다리다	await someone wait for someone
서류를 보다	watch the document look at the document

■ consist of는 '구성되다'라는 뜻이다.

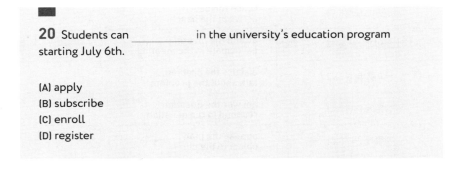

19 Monalua Island complex consists _____ 46 single rooms, 24 double rooms, and 2 luxurious penthouse suites

(A) by
(B) of
(C) at
(D) on

'구성되다' consist는 자동사로 전치사 (B) of와 어울려 쓰인다.

■ enroll in과 register for는 '등록하다'라는 뜻이다.

20 Students can _____ in the university's education program starting July 6th.

(A) apply
(B) subscribe
(C) enroll
(D) register

빈칸 뒤에 전치사 in과 어울리는 단어는 무엇일까? (A) apply는 뒤에 전치사 for가 나오면 '지원하다'라는 뜻이다. (B) subscribe는 '구독하다'라는 뜻으로 전치사 to가 나와야 한다. (C) '등록하다' enroll은 전치사 in과 어울린다. (D) '등록하다' register는 전치사 for가 나와야 한다. 따라서 정답은 (C) enroll이다. '자동사 + 전치사'를 한 덩어리로 암기하자.

■ comply with the law는 '법률을 준수하다'라는 뜻이다.

21 To _____ with the law, applicants must include their tax
identification number on the document.

(A) adhere
(B) comply
(C) observe
(D) obey

보기는 모두 법을 '고수하다, 지키다, 준수하다, 복종하다'의 의미로 비슷한 뜻
을 지닌 단어들이다. 따라서 해석으로 문제를 푸는 것이 아니라 동사의 특징으
로 문제를 풀어야 한다. (A) adhere는 to를 취하고, (B) comply는 with가 나와야
한다. (C) observe와 (D) obey는 전치사 없이 바로 명사가 나와야 한다. 빈칸 뒤
에 전치사 with가 있기 때문에 정답은 (B) comply이다.

09 목적어 두 개가 동시에 나오는 give, offer, send

주어 + **동사** + 목적어1 + 목적어2
　　　　　　　 누구에게　　무엇을

give　offer　send
주다　제공하다　보내다

award　grant
상→주다　보조금→주다

동사 give, offer, send, award, grant의 특징은 두 개의 목적어를 가질 수 있다는 것이다. 두 개의 목적어가 동시에 나올 때도 아무렇게나 나오는 것이 아니라 일정한 순서와 원칙이 있다. '사람'에 해당하는 목적어가 먼저 나오고, 그 이후 '사물'에 해당하는 목적어가 뒤에 나오게 된다. 만약 사람과 사물의 순서가 바뀌면 'Give it to me.'처럼 전치사를 취하게 된다.

■ 빈칸 뒤에 '누구에게 무엇을' 목적어 두 개가 바로 나오면 give, offer, send가 정답이다.

22 We are pleased to _____ you the position **as a part-time** graphics designer.

(A) make
(B) control
(C) offer
(D) restore

빈칸 뒤에 사람명사 you와 사물명사 the position가 동시에 나란히 올 수 있는 단어 (C) offer가 정답이다.

■ 동사 award, grant도 '누구에게 무엇을 주다'의 패턴을 취한다.

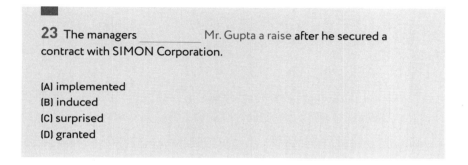

23 The managers _____ Mr. Gupta a raise after he secured a contract with SIMON Corporation.

(A) implemented
(B) induced
(C) surprised
(D) granted

빈칸 뒤에 누구에게(Mr. Gupta) 무엇을(a raise) 즉, 사람명사와 사물명사가 나란히 있다. 따라서 (D) granted가 정답이다.

■ provide는 '누구에게 무엇을' 사이에 전치사 with를 쓴다.

24 The computer technicians _____ sales representatives with detailed instructions for accessing the client data.

(A) offer
(B) provide
(C) arrange
(D) contribute

(A) offer와 (B) provide는 둘 다 '제공하다'라는 뜻이다. 하지만 쓰임은 완전히 다르다. offer는 목적어 두 개가 나란히 나올 수 있다. 하지만 provide는 두 개의 목적어 사이에 전치사 with를 써야 한다. 사람명사 sales representative와 사물명사 detailed instructions 사이에 전치사 with가 있기 때문에 (B) provide가 정답이다. 만약 전치사 with가 없다면 offer가 정답이 될 수 있다.

inform, notify, remind는 '사람명사'가 항상 먼저 나온다

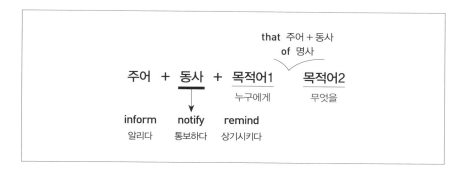

that 주어 + 동사
of 명사

주어 + 동사 + 목적어1 목적어2

누구에게 무엇을

inform notify remind
알리다 통보하다 상기시키다

동사 'inform, notify, remind'은 '누구에게 무엇을 알리다'라는 뜻이다. 그래서 앞에서 배운 give 동사처럼 목적어 두 개가 바로 나올 수 있다고 착각하기 쉽다. 하지만 '누구에게 무엇을' 사이에 of나 that을 넣어 주어야 한다. '무엇을'에 해당하는 말이 '명사'라면 전치사 of를 써주면 되고, '문장'일 경우에는 접속사 that을 쓰면 된다.

◎ I informed my supervisor of the information.
　　　　　누구에게　　　무엇을 (=명사)

◎ He notified the manager that the results were very satisfactory.
　　　　　　누구에게　　　　　무엇을 (=문장)

■ inform, notify, remind는 '누구에게 무엇을' 사이에 of나 that을 써야 한다.

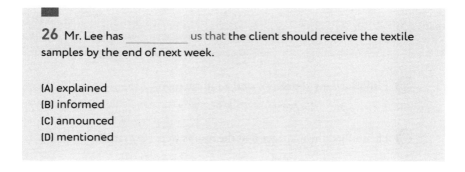

25 We will continue to inform you _____ any other changes in schedules.

(A) of
(B) along
(C) over
(D) through

빈칸 앞에 동사 inform은 '누구에게 무엇을' 사이에 전치사 of나 접속사 that을 넣어야 한다. 빈칸 뒤에 명사 덩어리 any other changes가 나왔기 때문에 전치사 (A) of가 정답이다.

■ '누구에게 무엇을' 사이에 of나 that이 있으면 inform, notify, remind가 정답이다.

26 Mr. Lee has _____ us that the client should receive the textile samples by the end of next week.

(A) explained
(B) informed
(C) announced
(D) mentioned

(A) explain 설명하다, (B) inform 알리다, (C) announce 발표하다, (D) mention 언급하다. 해석적으로 접근하면 모두 정답으로 가능할 것 같다. 동사 어휘 문제가 어려운 이유는 해석뿐만 아니라 동사의 문장 구조 패턴을 정확히 알아야

하기 때문이다. '누구에게 무엇을' 사이에 of나 that이 있으면 inform, notify, remind가 정답이다. 빈칸 다음에 사람명사 us가 나오고 접속사 that이 나왔기 때문에 (B) informed가 정답이다.

explain, announce, mention이 오답인 이유는 전치사 to를 사람명사 앞에 써줘야 하기 때문이다. 'explain to us'처럼 'to + 사람명사'가 나와야 한다. 이처럼 동사는 뒤에 어떤 말이 나올지에 대한 패턴을 확실히 알고 있는 것이 너무 중요하다.

11

'주어 + 동사 + 목적어' 다음에 나올 수 있는 문장구조 6가지

주어 + 동사 + 목적어	**+**	① to + 동사원형 ② 동사원형 ③ 형용사 ④ 현재분사 ⑤ 과거분사 ⑥ 명사

영어에서 가장 많이 쓰이는 문장 구조는 '주어 + 동사 + 목적어'이다. 이 기본 문장구조에서 '목적어'의 의미를 더 완전하게 보충해 주기 위해 여러 가지 형식의 패턴이 나올 수 있다. 바로 앞에 나온 목적어의 의미를 더 완전하게 보충해 주는 단어라고 해서 문법 용어로 '목적격보어'라고 한다. 목적격보어 자리에 ① to + 동사원형 ② 동사원형 ③ 형용사 ④ 현재분사 ⑤ 과거분사 ⑥ 명사, 총 6 가지가 나올 수 있다. 토익은 'to + 동사원형'을 취하는 동사패턴을 집중적으로 출제하고 있다.

① [I allowed him] <u>to go</u> there. 나는 그를 허용했다. (그가) 거기 갈 수 있도록.
                   to + 동사원형

② [I helped him] <u>finish</u> the report. 나는 그를 도왔다. (그가) 보고서를 끝낼 수 있도록.
                 동사원형

③ [I made him] <u>happy</u>. 나는 그를 만들었다. (그가) 행복한 상태가 되도록.
             형용사

④ [I saw him] <u>crossing</u> the street. 나는 그를 보았다. (그가) 길을 건너고 있는 걸.
             현재분사

⑤ [I had my car] repaired. 나는 내 차를 만들었다. (내 차가) 수리되도록.
　　　　　　　　　　　과거분사

⑥ [We elected him] president. 우리는 그를 선출했다. (그가) 대통령이 되도록.
　　　　　　　　　　　　　명사

27 I'd like to have my proposal _____ by you if you are not busy now.

(A) edit
(B) to edit
(C) editing
(D) edited

동사 'have'는 목적어 다음에 동사원형이 나올 수도 있고, 과거분사가 나올 수도 있다. 차이점은 목적어가 사람이 나와서 '~하는'의 능동적인 상황이면 동사원형을 쓴다. 목적어가 사물이 나와서 '~된'의 수동적인 상황이면 과거분사를 쓴다. 위의 문제에서는 제안서(proposal)가 편집되는 것이기 때문에 과거분사 (D) edited가 정답이다.

'have'의 4가지 쓰임

① 'have + 명사'는 '가지고 있다'라는 뜻이다.

  I have a car.
  나는 차를 가지고 있다.

② 'have to + 동사원형'은 '~해야 한다'라는 뜻이다.

  I have to go home.
  나는 집에 가야 한다.

③ 'have + 과거분사'는 '~해오고 있다' 또는 '~했다'라는 뜻이다.

  I have studied English for 10 years.
  나는 10년 동안 영어를 공부해오고 있다.

④ 'have + 목적어 + 동사원형/과거분사'는 '시키다'라는 뜻이다.

  I'd like to have my sister clean my room.
  나는 여동생이 내 방을 청소하도록 시키고 싶다.

  I had my room cleaned.
  나는 내 방이 청소되도록 시켰다.

12 '주어 + 동사 + 목적어' 다음에 'to + 동사원형'이 나오는 문장구조

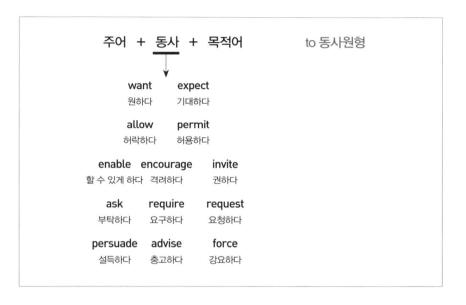

| 주어 + 동사 + 목적어 | | to 동사원형 |

| want | expect |
| 원하다 | 기대하다 |

| allow | permit |
| 허락하다 | 허용하다 |

| enable | encourage | invite |
| 할 수 있게 하다 | 격려하다 | 권하다 |

| ask | require | request |
| 부탁하다 | 요구하다 | 요청하다 |

| persuade | advise | force |
| 설득하다 | 충고하다 | 강요하다 |

 [I allowed him] to come in.

나는 허락했다 그를 → 그가 들어오도록

'주어 + 동사 + 목적어' 다음에 'to + 동사원형'이 나오는 문장구조는 영어에서
너무나 많이 쓰이는 핵심 구문이다. 여기서 중요한 것은 목적어 다음에 'to +
동사원형'으로 넘어갈 때의 해석 방법이다. 목적어가 마치 새로운 문장의 주어
와 같은 역할을 한다.

◎ My parents expects me / to be a doctor.

나의 부모님은 나를 기대한다 / (내가) 의사가 되기를.

◎ The test enabled doctors / to detect the disease early.

그 검사는 의사들을 가능하게 만들었다 / (의사들이) 그 질병을 일직 발견 할 수 있도록.

◎ The manager advised every employees / to attend the meeting.

그 관리자는 모든 직원들에게 충고했다 / (모든 직원들이) 회의에 참석해야 한다고.

■ '주어 + 동사 + 목적어' 다음에 'to + 동사원형'을 찾는 문법 문제

28 Mr. Lee asked his assistant _____ a report of the last staff meeting.

(A) type
(B) to type
(C) will type
(D) was typing

'주어 + 동사 + 목적어'의 문장 구조에서 동사 ask가 쓰였다. 따라서 뒤에 'to + 동사원형'이 나와야 한다. (B) to type이 정답이다. 차례차례 해석을 해보자. 「Mr. Lee asked his assistant 미스터리는 그의 비서에게 요청했다 to type a report (비서가) 보고서를 타이핑 하도록 of the last staff meeting 지난 직원 미팅의」 이렇게 덩어리 별로 해석하는 연습을 하자.

■ 'to + 동사원형'의 패턴을 취하는 '동사'를 찾는 어휘 문제

29 The government's technical assistance will _____ local companies to produce goods more efficiently.

(A) inhibit
(B) prefer
(C) enable
(D) keep

목적어(local companies) 다음에 to + 동사원형(to produce)가 나올 수 있는 동사는 보기 중에 (C) enable뿐이다. 동사 어휘 문제이다. 완벽하게 해석하지 않고 동사의 패턴을 미리 알고 있다면 바로 정답을 고를 수 있는 문제다. 동사 뒤에 나오는 문장구조의 패턴을 미리 알고 있는 것이 중요하다.

13 사역동사? 토익 시험에 나오는 것만 공부하자!

'사역(使役)동사'는 '누군가에게 무엇을 하도록 시키다'라는 뜻을 가진 동사를 의미한다. 실질적으로는 let, make, have, help 등 Type A의 동사뿐만 아니라, allow, ask, force와 같은 Type B의 동사들도 사역동사라고 할 수 있다. 둘 다 '~하도록 시키다'에 해당하는 동사이기 때문이다. 하지만 우리나라에서 일반적인 영문법에서는 Type A의 동사만을 '사역동사'로 분류하고 있다. 중요한 것은 문법 용어가 아니다. Type A의 동사들은 목적어 다음에 '동사원형'이 나오고, Type B의 동사들은 목적에 다음에 'to 동사원형'이 나온다는 것이다.

Type A	Type B
주어 + 동사 + 목적어 + 동사원형	주어 + 동사 + 목적어 + to 동사원형

<table>
<tr><td rowspan="1">

let, make, have
허용하다 만들다 시키다

help
돕다

</td><td>VS</td><td>

want　**expect**
원하다　기대하다

allow　**permit**
허락하다　허용하다

enable　**encourage**　**invite**
할 수 있게 하다　격려하다 권하다

ask　**require**　**request**
부탁하다　요구하다　요청하다

persuade　**advise**　**force**
설득하다　충고하다　강요하다

</td></tr>
</table>

[I let you] come in.
나는 허용한다 당신을
→ (당신이) 들어오도록

[I allow you] to come in.
나는 허락한다 당신을
→ (당신이) 들어오도록

■ '허용하다' let 다음에는 '동사원형'이 정답이다.

30 Please let me _____ when you are ready to talk to me about the event.

(A) to know
(B) know
(C) knowing
(D) known

'주어 + 동사 + 목적어' 다음에 'to + 동사원형'이 나오는 형태에서 let은 부정사 to를 생략하고 '동사원형'이 나온다. 사역동사와 같은 문법 용어가 아니라 let은 목적어 다음에 '동사원형'이 나온다는 사실이 먼저 떠올라야 한다. (B) know가 정답이다.

■ '돕다' help 다음에는 '동사원형'이 정답이다.

31 Mr. Lee's presentation helped us _____ our research into a few areas we had been neglecting.

(A) broadened
(B) broadens
(C) broadening
(D) broaden

빈칸 앞에 동사 help가 있기 때문에 부정사 to를 생략하고 동사원형 (D) broaden이 정답이다.

■ '허용하다' allow 다음에는 'to + 동사원형'이 나온다.

32 The extension of the project deadline allowed Mr. Lee _____ his project as scheduled.

(A) to complete
(B) complete
(C) completing
(D) completed

'허락하다' allow 동사는 목적어 다음에 'to 동사원형'이 나와야 한다. (A) to complete가 정답이다. 비슷한 뜻인 '허용하다' let은 목적어 다음에 '동사원형'이 나온다. let을 사역동사, allow는 5형식 동사 등의 문법용어가 중요한 것이 아니다. 각 동사 어떤 문장 구조와 패턴을 취하는지 아는 것이 훨씬 더 중요하다.

14 make, keep, find 목적어 다음의 빈칸은 '형용사'가 정답이다

주어 + 동사 + 목적어   형용사

make   keep   find
만들다   유지하다   알다

consider   deem
여기다   간주하다

🎯 [You make me] happy

너는 만들어 나를 → (내가) 행복한 상태가 되도록

'너는 나를 행복하게 만들어'라는 문장에서 '행복하게'라고 해석된다. 그래서 부사 happily를 써야 한다고 착각하는 경우가 많다. 하지만 make, keep, find는 목적어 다음에 '형용사'가 나와야한다. 절대 형용사 자리에 부사를 정답으로 고르는 실수를 하지 말자.

■ make는 목적어 다음에 '형용사'가 나온다.

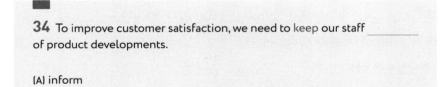

33 To attract more customers, you will need to _____ the interior attractive to them.

(A) help
(B) give
(C) do
(D) make

빈칸 뒤에 목적어 the interior와 형용사 attractive의 문장구조 패턴이 나왔다. 이렇게 목적어 다음에 '형용사'가 나올 수 있는 가장 중요한 토익 대표 단어는 make, keep, find이다. 따라서 정답은 (D) make이다.

■ keep은 목적어 다음에 '형용사'가 나온다.

34 To improve customer satisfaction, we need to keep our staff _____ of product developments.

(A) inform
(B) informs
(C) informed
(D) information

빈칸 뒤에 전치사 of 때문에 명사 (D) information을 고르는 실수를 하지 말자. 동사 keep은 기본 동사이기 때문에 여러 가지 패턴을 취할 수 있다. 하지만 토익에서는 '무엇을 어떤 상태로 유지하다'의 패턴으로 출제된다. 따라서 빈칸은 형용사 자리인데 순수한 형용사가 없을 때는 변형된 형용사인 분사 (C) informed가 정답이다.

■ find는 목적어 다음에 '형용사'가 나온다.

35 Most of our workers reported that they found the new health care package very _____ .

(A) benefit
(B) benefits
(C) beneficial
(D) beneficially

동사 find는 목적어 다음에 '형용사'가 나와야 한다. 따라서 (C) beneficial이 정답이다. They found the new health care package very beneficial. 「그들은 새로운 건강관리 상품이 매우 유익한 것임을 알게 되었다」 동사 find는 '찾다'라는 뜻에서 '알게 되다'라는 의미로 파생된다.

6

수태시
'확인 공식'

동사 문제는 '수태시' 순서로 확인해라!

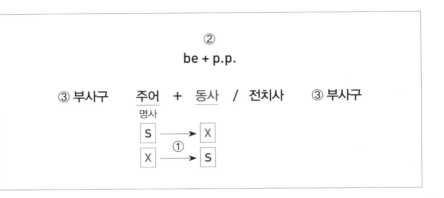

동사 문제 확인 순서 3단계

① 수일치를 확인한다. → '명사s'와 '동사s'는 완전히 다르다.

② 수동태를 확인한다. → 빈칸 다음에 끊기면 '수동태'가 정답이다.

③ 시제를 확인한다. → 문장의 앞뒤에서 '시제'의 단서를 찾아라.

01 Last year, the company _____ a large amount of money on the new building.

(A) spend
(B) spent
(C) spending
(D) was spent

① 동사의 '수일치'를 확인한다.

문장구조 확인을 통해 빈칸은 동사 자리라는 것을 파악할 수 있다. 동사가 아닌 (C) spending오답이다. 단수주어 the company가 나왔기 때문에 동사도 단수를 써야 한다. is, was, has, does, gets처럼 '동사s'는 단수개념이다. 주어가 3인칭 단수 현재형일 경우엔 동사에 '~s'를 붙여야한다. 따라서 (A) spend도 오답이다.

② 동사의 '수동태'를 확인한다.

토익에서는 수동태(be + pp) 다음엔 목적어가 나오지 않고 무조건 끊긴다. 빈칸 다음에 목적어 a large amount of money가 나왔기 때문에 수동태가 될 수 없다. 따라서 (D) was spent도 오답이다.

③ 동사의 '시제'를 확인한다.

마지막으로 동사의 시제가 현재인지 과거인지 아니면 미래인지 시제에 대한 단서를 찾아본다. 문장 맨 처음에 'Last year' 과거 시점을 알려 주는 부사구가 나왔으므로 과거형 동사 (B) spent가 정답이다.

■ '명사s'는 복수고 '동사s'는 단수다.

02 All paint products _____ available in different colors.

(A) is
(B) are
(C) being
(D) been

주어가 복수명사 All paint products가 나왔으므로 복수동사 (B) are가 정답이다.

■ 수동태 다음에 무조건 끊긴다.

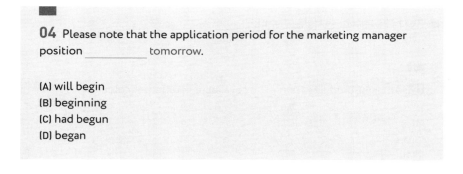

03 The outdoor activities have been _____ until next Friday due to the bad weather.

(A) postpone
(B) postponing
(C) postponed
(D) postponement

빈칸 앞에 be동사 been이 있고 뒤에 전치사 until이 나와서 끊을 수 있다. 따라서 수동태 (C) postponed가 정답이다.

■ 문장 앞뒤에서 시제의 단서를 찾아라.

04 Please note that the application period for the marketing manager position _____ tomorrow.

(A) will begin
(B) beginning
(C) had begun
(D) began

문장의 맨 끝에 미래를 나타내는 단서 tomorrow가 있기 때문에 정답은 (A) will begin이다.

'명사s'와 '동사s'는 완전히 다르다

영어는 '단수'인지 '복수'인지를 민감하게 따지는 언어이다. 따라서 단수주어가 나오면 단수동사를 사용하고, 복수주어가 나오면 복수동사를 사용해야 한다. 너무 당연하게 들릴 것이다. 하지만 의외로 많은 학생들이 틀리는 경우가 있다. 왜냐하면 어떤 단어에 s가 붙으면 자신도 모르게 자동적으로, 명사일 경우만을 떠올려 '복수'의 개념이 먼저 떠오르기 때문이다. 주의할 것은 명사의 단복수와 동사의 단복수의 개념이 완전히 다르다는 것이다.

명사 S	동사 S
students books	is, was has, does gets
⇩	⇩
복수	단수

예를 들면 books나 students처럼 '명사s'는 복수이고, is, was, has, does, gets처럼 '동사s'는 단수이다. 동사에 s는 3인칭 단수 현재에만 붙인다는 문법 지식을 알고 있을 것이다. 하지만 단어가 어려워지거나 문장 구조가 약간만 복잡해지면 알면서도 자주 틀리는 문제 중에 하나이다. 시험에 자주 나오는 문법 개념임으로 혼동하지 말고 꼭 기억해 두자. 명사s는 복수, 동사s는 단수!

■ 주어의 명사에 s가 없으면 오히려 동사에 s를 써라.

05 The manager _____ supplies through a Web site.

(A) purchase
(B) purchases
(C) to purchase
(D) purchasing

빈칸은 동사 자리이다. 동사가 아닌 (C) to purchase와 (D) purchasing은 오답이다. 주어의 명사에 s가 없이 단수명사 The manager가 나왔다. 그러므로 동사에 s를 쓴 단수동사 (B) purchases가 정답이다.

■ 주어의 명사에 s가 있으면 오히려 동사에 s를 쓰지 마라.

06 Our services _____ available for family and company events every weekend.

(A) is
(B) are
(C) being
(D) been

주어의 명사에 s가 붙은 복수명사 Our services가 나왔기 때문에 동사에 s가 없는 복수동사 (B) are가 정답이다.

수동태 개념을 제대로 이해하자

'수동태'라는 말의 의미를 풀어 보면 '받을 수(受), 움직일 동(動), 모양 태(態)'라는 한자어이다. 즉, 주어가 어떤 동작을 받는다는 뜻이다. 수동태의 특징은 목적어가 주어자리로 가면서 동사의 모양이 'be + pp'의 형태가 된다.

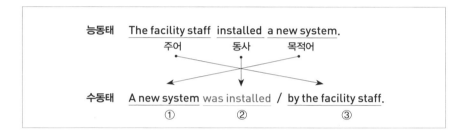

① 목적어 a new system이 주어 자리로 왔다.

② 동사 installed이 수와 시제에 맞게 was installed의 형태가 되었다.

③ 주어 The facility staff를 'by + 목적격'인 by the facility staff로 바뀌었다.

시제에 따라 변하는 수동태의 여러 모습들

◎ The hotel is located / in the business district.
그 호텔은 위치한 상태이다 / 상업 지역에.

◎ The new software was installed / in the computer.
새로운 소프트웨어가 설치되었다 / 컴퓨터에.

◎ The board meeting will be held / on Tuesday.
이사회 모임이 열릴 것이다 / 화요일에.

Handbooks have been distributed / to all managers.

안내서가 배포되었다 / 모든 관리자들에게.

07 The company's operations have been frequently _____ by regular labor strikes.

(A) disruption
(B) disrupt
(C) disrupting
(D) disrupted

문제풀이 사고 과정 3단계

1. (A)(B)(C)(D) 선택지 보기

보기의 단어들이 비슷하게 생겼으므로 해석을 하지 않고 풀 수 있다는 강력한 표시이다.

2. 빈칸 앞뒤 살펴보기

빈칸 앞 frequently 부사를 삭제하면 have been 현재완료 형태의 be동사가 있다. 빈칸 다음 전치사 by가 나와서 끊을 수 있다. 따라서 빈칸은 형용사 자리이다. 순수한 형용사는 없기 때문에 현재분사 (C) disrupting과 과거분사 (D) disrupted가 정답 후보가 될 수 있다. 만약 단어의 뜻을 모르더라도 빈칸 뒤에 목적어 없이 전치사가 나왔으므로 수동태 (D) disrupted가 정답이다.

3. 수평배열 해석하기

The company's operations 그 회사의 운영이 have been frequently disrupted 자주 중단되었다 by regular labor strikes 정기적인 노동 파업에 의해서.

04 수동태 다음에 무조건 끊어라!

토익 시험에 나오는 대부분의 동사들은 타동사이기 때문에 목적어가 있어야한다. 목적어가 주어자리로 가면서 동사의 모양이 'be + p.p.'의 형태가 된 것을 수동태라고 한다. 즉, 빈칸 다음에 목적어 없이 전치사 등이 나와서 끊기면수동태가 정답이다. 빈칸 다음에 '전치사, 접속사, 콤마, 마침표'가 나와서 끊기는지, 그렇지 않은지가 초간단 토익 기초문법공식에서 가장 중요한 핵심 스킬이다.

① 빈칸 뒤에 명사가 나오면 '능동태'가 정답이다.
② 빈칸 뒤에 끊기면 '수동태'가 정답이다.

08 These strong concerns will have _____ by conducting more interviews with more diverse populations.

(A) being rectified
(B) been rectified
(C) rectifying
(D) rectified

보기의 단어 형태가 비슷하면 해석하지 않고 풀 수 있다는 강력한 표시이다. 빈칸 앞에 have가 있다. '현재완료(have + p.p) 형태가 되어야 하기 때문에 (A) being rectified와 (C) rectifying은 오답이다. 빈칸 다음에 전치사 by가 있다. '수동태 다음엔 끊을 수 있다'는 공식에 따라 수동태 (B) been rectified가 정답이다.

■ 빈칸 뒤에서 끊기면 '수동태'가 정답이다.

09 The problem should _____ in the meeting.

(A) discuss
(B) be discussed
(C) to discuss
(D) discussing

빈칸 앞에 조동사 should가 있으므로 동사원형 자리이다. 우선 (C) to discuss과 (D) discussing은 오답이다. 정답 후보는 동사원형 (A) discuss와 (B) be discussed가 될 수 있다. 단순히 조동사 다음은 동사원형이라는 사실만 떠올려서 성급하게 (A) discuss를 고르지 말자. 빈칸 다음에 전치사 in이 나와서 끊기기 때문에 수동태 (B) be discussed가 정답이다. 해석적으로도 「문제가 미팅에서 토론 되어야 한다.」라는 수동의 의미이기 때문에 수동태가 정답이다.

■ 빈칸 뒤에 목적어가 나오면 '능동태'가 정답이다.

10 The committee unanimously _____ Mr. Lee as the Employee of the Year.

(A) select
(B) selecting
(C) selected
(D) was selected

빈칸은 동사 자리이다. 동사가 아닌 (B) selecting은 오답이다. 빈칸 앞의 부사 unanimously를 삭제하면 주어가 단수명사 committee이기 때문에 단수동사가 나와야 한다. 따라서 (A) select도 오답이다. (D) was selected 수동태는 뒤에 전치사 등이 나와서 끊겨야 하는데 목적어 Mr. Lee가 나왔기 때문에 오답이다. 따라서 (C) selected가 정답이다.

05 수동태 다음에 명사가 나올 수 있는 경우

수동태는 목적어였던 것이 주어가 되므로 수동태 뒤에는 명사가 나올 수 없다. 즉, 수동태 다음에 전치사 등이 나와서 끊기는 것이 원칙이다. 하지만 give, offer, send, award, grant와 같은 동사들은 목적어가 두 개 나올 수 있는 동사이다. 그래서 'be given, be offered, be sent'와 같이 수동태가 되더라도 명사가 나올 수 있는 예외적인 경우다. 하지만 토익에 자주 출제되는 유형은 아니다. 따라서 해석이 되지 않는다면 수동태 다음에 끊는 공식을 사용해도 괜찮다.

 I was given money. 나는 돈을 받았다.
 I was offered a discount. 나는 할인을 받았다.
 I was sent a letter. 나는 편지를 받았다.

■ 수동태 'be given'은 '받다'라는 뜻으로 뒤에 명사가 나올 수 있다.

11 Because of the innovative design, Gupta _____ 'The Employee Of the Year Award'.

(A) gives
(B) gave
(C) was given
(D) giving

빈칸은 동사 자리이다. 수동태 다음엔 명사가 나오지 않는 것이 일반적이다. 하지만 give, offer, send 동사의 경우에는 수동태가 되어도 명사가 나올 수 있다. 「Gupa씨가 올해의 직원 상을 받았다.」라는 의미이기 때문에 수동태가 (C) was given이 정답이다.

■ 수동태 'be offered'는 '제공 받다'라는 뜻으로 뒤에 명사가 나올 수 있다.

12 Any employee who shows exceptional contribution will _____ a promotion.

(A) offer
(B) offering
(C) be offered
(D) offers

성급하게 조동사 will 다음에 동사원형 (A) offer를 고르는 실수를 하지 말자. 'be offered' 다음에 명사가 나올 수 있다. 직원들이 승진되는 것이기 때문에 수동태가 필요하다. 따라서 정답은 (C) be offered이다.

■ 수동태 'be granted'는 '받다'라는 뜻으로 뒤에 명사가 나올 수 있다.

13 Only the top 3 of the applicants will be granted _____ to ABC business school.

(A) are admitting
(B) to admit
(C) admission
(D) admitted

수동태 will be granted 다음에 명사가 나오지 못하는 것이 원칙이다. 하지만 grant는 '누구에게 무엇을 주다'라는 뜻으로 목적어가 두 번 나올 수 있는 4형식 동사이다. 따라서 수동태가 되어도 '명사'가 나올 수 있다. '학교 입학 허가를 받을 것이다'라는 의미가 되어야 함으로 (C) admission이 정답이다.

06 수동태 다음에 'to 동사원형'이 나오는 경우

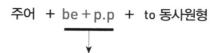

주어 + be + p.p + to 동사원형

be allowed, be asked
be expected, be required, be advised
be invited, be permitted, be intended

◎ [I was asked] to complete the form.
　　나는 요청받았다, 신청서를 작성하라고.

'주어 + 동사 + 목적어' 다음에 'to + 동사원형'이 붙는 형태는 영어에서 너무나
많이 쓰이는 핵심 구문이다. 이 문장 구조가 수동태가 되더라도 뒤에 'to + 동
사원형'의 형태가 나온다. 위의 동사들 중에서 be expected to do, be required to
do, be advised to do 패턴이 가장 많이 출제되고 있다.

◎ The manager requires workers / to meet the tight deadline.
　　매니저는 직원들에게 요구한다 → (직원들이) 빡빡한 마감일을 맞춰야 한다고.

◎ Workers are required / to meet the tight deadline.
　　직원들은 요구받았다 → (직원들이) 빡빡한 마감일을 맞춰야 한다고.

■ 빈칸 다음에 'to + 동사원형'을 주고 '수동태'를 고르는 문제

14 The construction of the sports complex project _____ to create thousands of new jobs.

(A) expecting
(B) is expected
(C) has expected
(D) will expect

빈칸 뒤에 to 동사원형 'to create'가 나왔으므로 수동태 (B) is expected가 정답이다.

■ 빈칸 앞에 수동태를 주고 'to + 동사원형'을 고르는 문제

15 Dental patients are advised _____ to our office every six months for check-ups.

(A) returns
(B) returned
(C) returning
(D) to return

빈칸 앞에 수동태 'are advised'가 나왔으므로 'to 동사원형' (D) to return이 정답이다.

07 수동태 다음에 나오는 '전치사'를 암기하자

수동태 문장에서 행위자를 나타내는 대표적인 전치사는 by이다. 하지만 무조건 by를 쓰는 것은 아니다. by 이외에 다른 전치사들을 쓰는 경우가 훨씬 더 많다. 시험장에서는 수동태 다음에 어떤 전치사를 써야 할지 고민할 시간이 충분히 주어지지 않는다. 따라서 평상시에 전치사의 이미지를 이해하고 어떤 단어와 잘 어울려 쓰이는지 미리 알고 있어야 한다. 빈칸 앞의 단어를 보고 바로 전치사를 고를 수 있도록 덩어리 표현들을 입에 착 붙여 놓자.

◎ I was surprised at the news. 나는 그 소식에 놀랐다.
◎ I am satisfied with the results. 나는 그 결과에 만족한다.
◎ I am interested in music. 나는 음악에 관심이 있다.
◎ I am concerned about the problem. 난 그 문제가 걱정된다.
◎ This song is dedicated to you. 이 노래를 당신에게 바칩니다.

■ '놀람'에는 전치사 at을 떠올려라.

16 We have been surprised _____ the amount of money to complete the construction.

(A) of
(B) through
(C) about
(D) at

'놀람'을 의미하는 surprised, shocked는 전치사 at과 잘 어울린다. 따라서 정답은 (D) at이다.

■ '만족'으로 가득 차 있으면 전치사 with를 떠올려라.

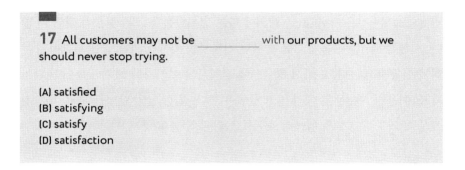

17 All customers may not be _____ with our products, but we should never stop trying.

(A) satisfied
(B) satisfying
(C) satisfy
(D) satisfaction

'만족'을 의미하는 satisfied, pleased는 전치사와 with와 잘 어울린다. 정답은 (A) satisfied이다.

■ '관심'이 있을 때는 전치사 in을 떠올려라.

18 We're not _____ in purchasing more copy machines this year.

(A) interest
(B) interesting
(C) interested
(D) interests

'관심과 연루'을 의미하는 interested, involved는 전치사 in과 잘 어울린다. 빈칸 뒤에 전치사 in이 있기 때문에 정답은 (C) interested이다.

■ '걱정'될 때는 전치사 about을 떠올려라.

19 People are concerned _____ the increase of the gasoline prices.

(A) of
(B) through
(C) about
(D) in

'걱정'을 의미하는 concerned, worried는 전치사 about과 잘 어울린다. 정답은 (C) about이다.

■ 마음을 '헌신'하면 전치사 to를 떠올려라.

20 Gupta is _____ to providing accurate information to the clients throughout the country.

(A) dedication
(B) dedicated
(C) dedicating
(D) dedicative

'헌신'을 의미하는 committed, dedicated, devoted는 전치사 to와 잘 어울린다. 정답은 (B) dedicated이다.

08 문장의 앞뒤에서 시제의 단서를 찾아라

시제의 기본 원칙은 예전에 일어났던 지나간 과거의 상황을 말할 때는 과거형 동사를 쓰고, 평소 일반적인 사실을 말하고 싶으면 현재형 동사를 쓰고, 앞으로 일어날 미래의 상황은 미래 시제를 사용하면 된다. 과거형은 동사에 '~ed'를 붙여서 과거임을 표시해 주고, 3인칭 단수 현재형은 동사에 '~s'를 붙여서 현재임을 표시해 주고, 미래는 동사 앞에 조동사 'will'을 붙여서 미래임을 표시해 준다.

기본 3시제 문제 해결법

(A)(B)(C)(D) 보기를 통해 시제 문제임을 파악했다면 문장의 앞과 뒤에 시제를 나타내는 단서가 주로 등장한다. 문장 앞뒤를 빨리 살펴서 시제의 단서를 잡아 낸다면 해석하지 않고 빠르게 정답을 고를 수 있을 것이다.

ago last yesterday	regularly usually every	soon next tomorrow
⇩	⇩	⇩
과거 시제가 정답	**현재 시제**가 정답	**미래 시제**가 정답

- 'ago, last, yesterday'가 보이면 '과거 시제'가 정답이다.

21 Mr. Lee _____ the corporation as a public relations manager five years ago.

(A) join
(B) joined
(C) will join
(D) joining

보기를 통해서 시제 문제임을 알 수 있다. 시제를 나타내는 단서 five years ago 가 문장 맨끝에 있기 때문에 과거동사 (B) joined가 정답이다.

- 'regularly, usually, every'가 보이면 '현재 시제'가 정답이다.

22 Every month the newspaper _____ a large quantity of mail.

(A) receives
(B) is receiving
(C) received
(D) will receive

보통 항상 늘 그러는 경우는 현재 시제를 사용한다. 문장 처음에 시제를 나타내는 단서 Every month가 등장했기 때문에 현재동사 (A) receives가 정답이다.

■ 'soon, next, tomorrow'가 보이면 '미래 시제'가 정답이다.

23 The payment information service _____ shut down for maintenance tomorrow.

(A) was
(B) are
(C) has been
(D) will be

시제 문제의 단서는 주로 문장의 맨 처음이나 끝에 있는 경우가 많은데 문장 맨 끝에 tomorrow가 있다. 따라서 미래 시제 (D) will be가 정답이다.

시제를 결정짓는 특정 부사를 암기하자

이전에	최근에	현재	곧
previously originally	recently lately	currently presently	soon shortly
⇩	⇩	⇩	⇩
과거 시제가 정답	현재 완료가 정답	현제 시제가 정답	미래 시제가 정답

■ '이전에' previously, originally는 '과거 시제'와 어울린다.

24 The committee meeting was _____ scheduled for next week, but was moved up to yesterday.

(A) previously
(B) shortly
(C) overly
(D) rarely

빈칸 앞에 과거동사 was가 있다. 따라서 '이전에'를 의미하는 (A) previously가
정답이다.

■ '최근에' recently, lately는 '현재 완료'와 어울린다.

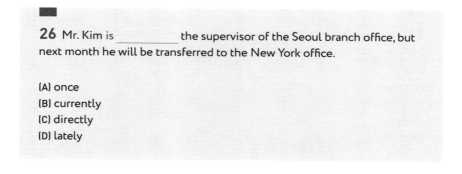

25 The JMW Technology has _____ made critical changes to its safety regulations.

(A) soon
(B) shortly
(C) recently
(D) currently

현재 완료 시제 사이에 빈칸이 있기 때문에 '최근에' (C) recently가 정답이다.

■ '현재' currently, presently는 '현재 시제'와 어울린다.

26 Mr. Kim is _____ the supervisor of the Seoul branch office, but next month he will be transferred to the New York office.

(A) once
(B) currently
(C) directly
(D) lately

빈칸 앞에 현재동사 is가 있기 때문에 (B) currently가 정답이다.

■ '곧' soon, shortly는 '미래 시제'와 어울린다.

27 The annual employee evaluations are in progress and will be finished _____.

(A) previously
(B) shortly
(C) overly
(D) rarely

빈칸 앞에 will이 있기 때문에 '곧' (B) shortly가 정답이다.

'현재완료'의 기본 형태는 'have + 동사ed'이다. 여기서 have는 '가지다'라는 뜻의 일반 동사가 아니라 현재완료를 만들어주는 일종의 표시라고 생각하면 된다. 그리고 '동사 + ed'는 과거동사가 아니라 과거분사이다. 과거동사와 과거분사가 똑같이 생겼기 때문에 영어 초보자들이 가장 많이 헷갈려 하는 부분이기도 하다. 과거분사는 영어로 'past participle'이라고 한다. 이것의 이니셜만 따와서 보통 p.p.라고 말한다.

🎯 I have cut my finger.

위의 문장을 정확하게 해석해 보자. 주의 깊게 살펴볼 형태는 'have cut'이다. 단순히 과거시제가 아니라 현재완료가 쓰였다는 것에 주의 하자. 현재완료 형태는 우리나라 말에는 없는 개념이기 때문에 헷갈리고 이해하기 어려운 부분이기도 하다.

위의 예문을 정확하게 직역을 하면, 과거에 손가락을 베었고(cut my finger) 나는 지금도 그 상태를 가지고 있다(I have)라는 의미이다. 현재완료는 '과거에 어떤 동작을 했고 지금도 그 상태를 가지고 있다'는 것이 핵심개념이다. 과거와 현재를 동시에 모두 표현한다. 즉, 과거에 일어난 동작이 그 이후 지금까지 계속 영향을 끼치고 있는 상태를 동시에 말하고 싶을 때 현재완료를 사용해서 표현해 준다. 현재완료의 대표적인 2가지 뜻을 집중적으로 알아두자.

1. (과거부터 지금까지 쭉) ~해오고 있다.

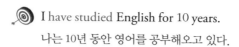 I have studied English for 10 years.
나는 10년 동안 영어를 공부해오고 있다.

2. (바로 지금 막 완료) ~했다.

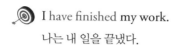 I have finished my work.
나는 내 일을 끝냈다.

> **28** Since hiring John Smith as consultant, the District Company
> _____ operating costs significantly.
>
> (A) reduce
> (B) is reduced
> (C) has reduced
> (D) reducing

문장을 분석해보면 빈칸은 동사자리이다. 동사가 아닌 (D) reducing은 오답이다. 주어가 3인칭 단수 the District Company 이기 때문에 (A) reduce는 오답이다. 빈칸 뒤에 목적어 operating costs가 있기 때문에 수동태 (B) is reduced도 오답이다. 문장의 첫 단어 '~이래로' since는 '쭉 ~해오고 있다'의 현재완료 시제와 잘 어울린다. 따라서 (C) has reduced가 정답이다.

■ '∼이래로' since나 '∼동안' for가 나오면 '현재완료'가 정답이다.

29 Mr. Lee _____ the new employee training program for ten years without a problem.

(A) has overseen
(B) was overseeing
(C) is overseeing
(D) will oversee

(A) 현재완료 (B) 과거진행 (C) 현재진행 (D) 미래. 보기를 통해서 시제 문제임을 알 수 있다. 무조건 해석하지 말고 문장 앞뒤에서 시제를 나타내는 단서를 찾아보자. 문장 뒤쪽에 '10년 동안' for ten years가 있기 때문에 현재 완료 (A) has overseen이 정답이다.

■ 빈칸 앞에 '현재완료'가 있고 뒤에 '과거시제'가 있으면 'since'가 정답이다.

30 SM Electrical has built a reputation for quality appliances _____ the company began in 1970.

(A) since
(B) while
(C) once
(D) because

빈칸 뒤에 주어와 동사가 나왔기 때문에 접속사 자리이다. 보기의 단어들이 전부 접속사이므로 모두 정답 후보가 될 수 있다. 하지만 빈칸 앞에 현재완료 has built가 나왔고, 뒤에 과거동사 began이 나왔기 때문에 '~이래로' (A) since가 정답이다.

■ 빈칸 앞에 '현재완료'가 있고 뒤에 '기간 명사'가 있으면 'for'가 정답이다.

31 Sky Telecom has been providing our company with networking service _____ over 10 years.

(A) among
(B) since
(C) with
(D) for

빈칸 앞에 현재완료 has been providing이 있기 때문에 (B) since와 (D) for가 정답 후보가 될 수 있다. 하지만 빈칸 뒤 기간 명사 over 10 years가 나왔으므로 '~동안' (D) for가 정답이다.

■ '~이래로' since 다음엔 '과거 시점'이 정답이다.

32 The number of car accidents has dropped significantly since the speed limit _____ implemented.

(A) was
(B) been
(C) to be
(D) will be

빈칸 앞에 동사의 형태가 현재완료 has dropped가 나왔고, '~이래로' since 다음엔 과거 시점에 해당하는 시제가 나와야 하기 때문에 (A) was가 정답이다.

■ '~동안' for 다음엔 '기간 명사'가 나온다.

33 Under the new management, profits have risen dramatically and remained high _____ the past five years.

(A) to
(B) for
(C) with
(D) by

빈칸 앞에 현재완료 have risen이 나왔고, 뒤에 기간 명사 the past five years가 나왔기 때문에 '~ 동안'이라고 해석되는 (B) for가 정답이다.

■ '~동안에' for 대용으로 전치사 'in'이나 'over'를 쓸 수 있다.

34 The firm has increased the amount of funds by 15% _____ the past 5 years.

(A) since
(B) before
(C) over
(D) yet

동사의 시제가 현재완료 has increased가 나왔고, 빈칸 뒤에 기간 명사 the past 5 years가 나왔기 때문에 전치사 for를 쓸 수 있다. (A) since는 '과거 시점'이 나와야 하기 때문에 오답이다. 함정에 속지 말자. '~동안' for 대용으로 '~동안에' in이나 '~걸쳐서' over를 대신 쓸 수 있다. 정답은 (C) over이다.

■ 'over the past 기간명사'는 '현재완료'와 어울린다.

35 There have been notable improvements in medical technology over the _____ ten years.

(A) next
(B) past
(C) yet
(D) then

빈칸 앞에 현재완료 have been이 나왔기 때문에 (B) past가 정답이다. 만약 (A) next가 오려면 빈칸 앞 동사의 형태가 will 미래 시제가 나와야 한다.

11 완료 3시제 문제 해결법 공식

①	had + p.p.	before	주어 + 과거동사
②	have + p.p.	for since	기간명사 과거시점
③	will have + p.p.	by the time	주어 + 현재동사

① 과거완료

'과거완료'는 과거보다 먼저 발생한 사실을 의미할 때 사용한다. 그러므로 문장 중에 특정 과거 시점이 있어야 한다.

 Mr. Kim had revised the proposal before it was sent for approval last week.
미스터 김은 제안서를 수정했었다. 제안서가 보내지기 전에, 승인을 위해, 지난주에.

② 현재완료

'현재완료'는 과거에 어떤 동작을 했고 현재도 그 상태를 가지고 있다는 것이 핵심개념이다. 현재까지 지속되는 기간이나 시점을 나타내는 표현들과 함께 쓰인다.

 Ms. Kent has worked at the company for the last 15 years.
미스 켄트는 일해 왔다, 이 회사에서, 지난 15년 동안.

③ 미래완료

'미래완료'는 특정한 미래 시점까지의 동작이나 상태의 완료를 나타낸다. 시험에서는 미래 완료 시점을 동반한다.

🎯 Bella will have completed the designs by the time she meets with the client next week.
벨라가 디자인을 완성할 것이다, 그녀가 고객을 만날 때쯤에는, 다음 주에.

■ 'before' 다음에 과거동사가 보이면 '과거완료(had + p.p.)'가 정답이다.

36 Management _____ seeking a new manager before Mr. Lee decided to quit the job.

(A) began
(B) had began
(C) is beginning
(D) will begin

before 다음에 과거시제 동사 decided가 나왔기 때문에 빈칸은 '과거완료' (B) had began이 정답이다.

■ 'since + 과거시점' 또는 'for + 기간명사'가 보이면 '현재완료(have + p.p.)'가 정답이다.

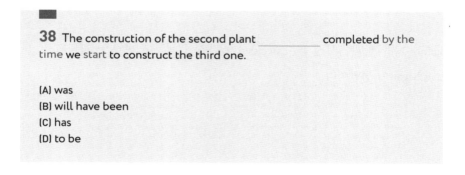

37 The automobile company _____ on the New York Stock Exchange for the past 10 years.

(A) listed
(B) is listed
(C) is being listed
(D) has been listed

문장의 마지막에 for the past 10 year 기간명사가 등장했기 때문에 '현재완료' (D) has been listed가 정답이다.

■ 'By the time' 뒤에 현재동사가 보이면 '미래완료(will have + p.p)'가 정답이다.

38 The construction of the second plant _____ completed by the time we start to construct the third one.

(A) was
(B) will have been
(C) has
(D) to be

'~할 때 쯤' 접속사 by the time 다음에 현재동사 start가 나왔기 때문에 '미래완료' (B) will have been이 정답이다.

파트6은 시제 문제가 가장 중요하다

파트6에서 매달 출제되는 시제 문제는 빈칸을 중심으로 문장의 앞뒤를 읽어 흐름을 파악해야 한다. 하지만 글의 종류가 특히 '안내문'이나 '공지문'이라면 앞으로 있을 일정이나 행사를 안내하는 상황의 글이 많이 나오기 때문에 대부분 '미래 시제'가 정답인 경우가 많다. 그렇다고 해석조차 하지 않고 무조건 미래 시제를 고르지는 말자. 하지만 파트6에서 미래 시제가 정답이 잘 된다는 사실을 꼭 기억하자! 만약 모르겠다면 차라리 미래 시제를 찍는 것이 정답일 확률이 높다.

■ 파트6에서는 '미래 시제'가 정답으로 가장 많이 나온다.

39

To all new employees

This notice is to let you know that the training session for new employees
_____ place on May 20. All recently hired staff must

(A) took
(B) will take
(C) taking
(D) will have taken

At the training session, you will learn company policies, dress codes,
and business practices.

글의 종류가 공지문(notice)이고 직원 연수에 대한 미래 일정 안내 내용이므로 미래시제 (B) will take가 정답이다.

■ (미래에) 할 거야? 아니면 (과거에) 했어?

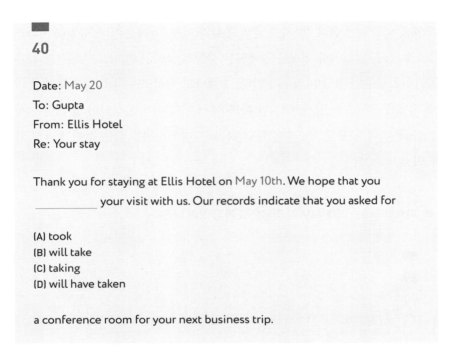

40

Date: May 20
To: Gupta
From: Ellis Hotel
Re: Your stay

Thank you for staying at Ellis Hotel on May 10th. We hope that you
_____ your visit with us. Our records indicate that you asked for

(A) took
(B) will take
(C) taking
(D) will have taken

a conference room for your next business trip.

편지글의 경우 상단부의 보낸 날짜에 주목하자. 편지를 보낸 날짜는 May 20이고, 호텔에서 머문 날짜는 May 10이기 때문에 과거 시제 (D) enjoyed가 정답이다.

■ 현재 시제가 '미래'를 표현할 수도 있다.

41

The trade show _____ on November 30 with a fifteen-minute

(A) concludes
(B) concluding
(C) conclude
(D) to conclude

fireworks display.

빈칸은 동사 자리이기 때문에 (B) concluding (D) to conclude는 오답이다. 주어가 단수명사 The trade show이기 때문에 동사도 단수가 나와야 한다. 그러므로 정답은 (A) concludes이다. 여기서 중요한 점은 concludes의 동사 형태는 현재 시제이지만 의미는 미래라는 것이다. 기사나 공고, 교통이나 공연시간표, 계약서 보고서의 내용처럼 이미 정해진 사실을 말할 때는 미래의 일이라도 현재 시제를 사용할 수 있다. 이렇게 미래를 표현할 때 will이 없다면 현재 시제를 정답으로 고르면 된다.

다음의 한국말을 영작해 보세요.

① 만약 내가 (지금) 너라면

② 만약 내가 (과거에) 열심히 공부했었다면

③ 만약 내가 (미래에) 그 시험에 통과하면

잘못된 영작 사고과정

① 문장의 시작부분을 '만약 내가'라고 했으니깐 일단 'If I'를 먼저 써주고, 동사의 시제
가 '지금'이라고 했으니깐 현재형 be동사 am으로 해서 If I am you 라고 하면 되겠
지….

② 두 번째 문장도 '만약 내가'라고 했으니깐 'If I'를 먼저 써주고, 동사의 시제가 '과거
에' 열심히 공부했다면 이니깐 과거시제 studied로 해서 If I studied hard 라고 하
면 되고….

③ 마지막 문장도 "만약 내가"는 'If I'를 먼저 써주고, 시험을 '미래'에 통과하는 거니깐
미래를 의미하는 조동사 will을 써서 If I will pass the exam 이라고 하면 될 것 같
은데….

가정법 If는 실제로 일어나지 않았거나, 일어날 것 같지 않은 일을 '가짜로 정
해서 말을 하는 방식'이다. 현실과 반대 되는 상황을 상상해서 말하는 방식을
가정법이라고 한다. 즉, 현실이 아니라는 얘기다. 현실이 아니고 현실과 거리
가 떨어져 있는 상황을 가정해 보는 일임을 상대방도 알아야 오해의 소지가 없

기 때문에, 시제를 한 단계 과거로 써줌으로써 '현실이 아니다'라는 표시를 해준다. 즉, 가정법 If는 말하고 싶은 시제보다 한 단계 과거로 써준다. 이것이 가정법 If의 핵심 포인트이다.

① 만약 내가 (지금) 너라면,

> If I were you

② 만약 내가 (과거에) 열심히 공부했었다면,

> If I had studied hard

③ 만약 내가 (미래에) 그 시험에 통과하면,

> If I pass the exam

가정법은 최근 토익 시험에 일 년에 한 문제 정도 출제되고 있다. 이 중에서 '가정법 과거완료'가 집중적으로 나오고 있다. 이때 의미를 물어보는 경우는 없고 공식처럼 가정법 패턴을 알고 있다면 쉽게 정답을 고를 수 있을 것이다.

				could	
				would	
If	주어	had + p.p...,	주어	should	have + p.p...
		①		might	
					②

If I had studied hard, I could have entered the Seoul University.
만약 내가 열심히 공부했으면, 난 아마 서울대학교에 들어갈 수 있었을 텐데.

■ If로 시작하고 had + p.p.가 나오면 would have + p.p.가 정답이다.

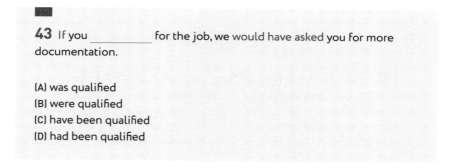

42 If the application had been submitted in time, she _____ the chance to get the job.

(A) had
(B) will have
(C) would have
(D) would have had

문장의 첫 단어가 가정법 If가 나왔고 동사의 시제가 과거완료 had been submitted가 나왔다. 그렇다면 'would have + p.p' 형태의 '가정법 과거완료' 공식을 떠올리자. (D) would have had가 정답이다. 의미에 따라 과거형 조동사 would 대신에 could, should, might같은 조동사가 나올 수 있다.

■ If로 시작하고 would have + p.p가 나오면 had + p.p.가 정답이다.

43 If you _____ for the job, we would have asked you for more documentation.

(A) was qualified
(B) were qualified
(C) have been qualified
(D) had been qualified

문장의 첫 단어가 If가 나왔고 콤마 뒤에 would have asked 형태가 나오면 '가정법 과거완료' 공식을 떠올리자. 정답은 (D) had been qualified이다.

should가 '혹시'라는 뜻으로 쓰인다고?

should는 '~해야 한다'라는 조동사 고유의 의미를 가지고 있다. 하지만 가정법 If와 함께 쓰이면 '혹시'라는 뜻으로 쓰인다는 것이 중요하다. 자주 등장하는 문장구조는 'If you should…' 다음에 'please'로 시작하는 문장이 자주 나온다. 아래의 대표 예문을 암기하자.

◎ If you should have any question, please contact us.
만약 당신이 혹시 질문이 있으면, 저희에게 연락해주세요.

조동사 'should'의 3가지 뜻

① ~해야 한다

◎ You should stop worrying about it.
당신은 멈춰야 해요, 그것에 대해 걱정하는 것을.

② 아마 ~일 것이다

◎ It should take about two hours to get there.
아마 2시간 정도 걸릴 거예요, 거기 도착하는데.

③ 만약 혹시

◎ If you should have any question, please contact us.
만약 당신이 혹시 질문이 있으면, 저희에게 연락주세요.

44 If you _____ have any question about the job application procedure, please contact the Human Resources Department.

(A) should
(B) could
(C) must
(D) can

빈칸 앞에 가정법 접속사 If가 있고, 뒤에는 please가 있다. '혹시'로 해석되는 조동사 (A) should가 정답이다.

두 문장을 서로 연결시켜주는 '접속사'를 생략시킬 수 있을까, 없을까? 잘 모르겠다면 아래의 문장을 한번 살펴보자.

"_____ 내 조카는 7살이다. 걔는 5개 국어를 한다."

앞뒤의 문장을 읽어보고 밑줄에 가장 적절한 한국말 접속사를 직접 넣어보자. 설마 '내 조카는 7살이기 때문에, 걔는 5개 국어를 한다.'라고 하지는 않았을 것이다. 그럼 '내 조카는 7살 임에도 불구하고, 걔는 5개 국어를 한다.'라고 하면 어떤가? 앞뒤의 문장을 접속사 '~임에도 불구하고'로 연결시켜 해석하면 의미가 잘 어울리고 적절하다는 것을 알 수 있다.

이렇게 앞뒤의 문장을 읽어봐서 어떤 접속사가 나올지 너무도 뻔하고 당연한 경우라면 접속사도 생략시킬 수 있다. 생략의 대원칙은 생략시켜도 알아듣고 이해될 경우엔 과감하게 생략시킬 수 있다. 왜냐하면 조금이라도 문장을 짧게 만들어서 말을 경제적으로 전달하기 위해서이다.

 If you should have any question, please feel free to contact us.
만약 귀하가 혹시 질문이 있으면, 편하게 저희에게 연락 주세요.
→ Should you have any question, please feel free to contact us.

조동사 should는 '~해야 한다'라는 의미를 가지고 있다. 하지만 가정법 접속사 If와 함께 쓰이면 '혹시'라고 해석된다. 접속사 If를 생략하고 조동사가 도치되어 문장이 Should로 시작하면 '혹시'라고 해석되고, 뒤의 문장 구조는 주로 please로 시작하는 문장이 나온다.

> If I had known his address, I could have sent a letter.
> 만약 내가 그의 주소를 알았다면, 난 아마 편지를 보낼 수 있었을 텐데.
> → Had I known his address, I could have sent a letter.

접속사 If를 생략하려면 원래의 문장이 변형되었다는 어떤 표시를 해 주어야한다. 이때 조동사나 be동사가 있으면 앞으로 이동되어 도치된다. 위의 예문에서는 조동사 had가 앞으로 도치되어 문장의 첫 단어가 'Had'로 시작하고 있다. 이렇게 문장이 갑자기 'Had'로 시작했다면 If가 생략된 문장이라는 것을 알아차리고, 그 뒤에는 'could have sent'와 같은 가정법 과거완료 공식을 떠올리자.

■ 'Should'로 시작하면 If가 생략된 문장이다.

45 _____ you have **any questions about the event, please feel free to contact us at your convenience.**

(A) Should
(B) Did
(C) Because
(D) Had

원래 문장 'If you should have…'에서 If를 생략하고 조동사 should가 앞으로 도치된 문장 구조이다. 평서문인데 문장이 Should로 시작하면 '혹시'라고 해석하고, 뒤에는 주로 Please 문장구조가 나온다. 정답은 (A) Should이다.

■ 'Had'로 시작하면 If가 생략된 문장이다.

---

46 _____ Ms Kim known **about the construction project, she** would have purchased **the house.**

(A) If
(B) Has
(C) Should
(D) Had

콤마 뒤에 'would have purchased' 가정법 과거완료 형태가 나왔다. 이때 주의할 것은 단순히 (A) If를 고르면 안 된다는 것이다. 원래 문장 'If Ms. Kim had known…'에서 접속사 If를 생략하고 Had가 앞으로 도치된 문장이기 때문이다. 정답은 (D) Had이다. 문장이 'Had'로 시작하면 가정법 과거완료 공식을 떠올리자.

7

가짜동사
'변신 공식'

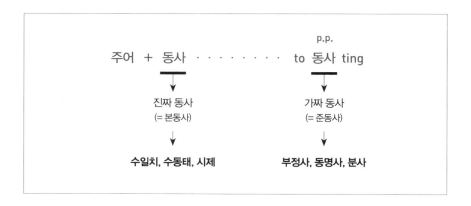

한 문장 안에 접속사가 없다면 동사는 한 개만 나와야 하는 것이 원칙이다. 만약 의미상 동사를 또 쓰고 싶으면 '진짜동사' 즉, 본동사와의 관계를 확실하게 구별해 주고 혼동하지 않기 위해 동사의 형태를 변형해 주어야 한다. 동사 앞에 to를 붙인 것을 '부정사'라고 한다. 동사 뒤에 ~ing을 붙인 것을 '동명사' 또는 '현재분사'라고 한다. 동사 뒤에 ~ed를 붙인 것을 '과거분사'라고 한다. 부정사, 동명사, 분사를 한꺼번에 총칭해서 동사에 준(準)하는 동사(動詞)라는 의미로 '준동사'라고 불린다. 이것들은 동사에서 왔기 때문에 당연히 동사적인 특징들을 가지고 있다. 하지만 더 이상 문장에서 동사로 쓰이지는 못하는 '가짜 동사'라는 사실이 중요하다.

■ '진짜 동사'가 정답인 경우

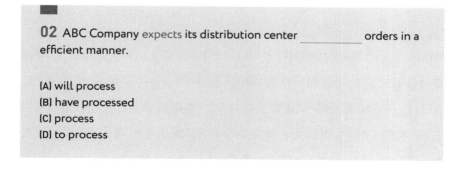

01 Our online service _____ you to access your account 24 hours a day.

(A) allow
(B) allows
(C) to allow
(D) allowing

보기에 진짜 동사에는 (A) allow (B) allows가 있고, 가짜 동사에는 (C) to allow (D) allowing이 있다. 빈칸 뒤쪽에 본동사가 없기 때문에 빈칸은 '진짜 동사' 자리이다. 주어가 Our online service 단수명사 이기 때문에 동사도 단수동사를 써서 (B) allows가 정답이다.

■ '가짜 동사'가 정답인 경우

02 ABC Company expects its distribution center _____ orders in a efficient manner.

(A) will process
(B) have processed
(C) process
(D) to process

빈칸 앞에 진짜동사 expects가 있으므로 빈칸은 또 다시 동사가 나올 수 없다. 따라서 빈칸은 가짜 동사자리이다. expect는 '주어 + 동사 + 목적어' 다음에 'to + 동사원형'이 나오는 대표적인 동사이다. 정답은 (D) to process이다.

분사는 변형된 형용사다

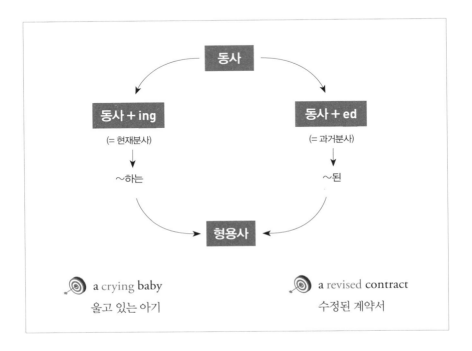

동사

동사 + ing (= 현재분사) ~하는

동사 + ed (= 과거분사) ~된

형용사

a crying baby
울고 있는 아기

a revised contract
수정된 계약서

'분사(分詞)'란 '나누어진 말'이란 뜻이다. 그렇다면 뭐를 나누었을까? 그건 바로 동사를 둘로 나눈 것을 의미한다. 하나는 동사에 '~ing'을 붙여서 '현재분사'로, 또 다른 하나는 동사에 '~ed'를 붙여서 '과거분사'로 나누어진 것을 분사라고 한다. 현재분사는 '~하는'이란 뜻으로 능동적인의 의미로 해석되고, 과거분사 는 '~된'이란 뜻으로 수동적인 의미를 갖는다. 이것의 뿌리는 동사에서 나왔지 만 명사를 꾸며 주는 역할을 하는 변형된 형용사이다. 즉, 분사는 '형용사'이다.

■ '~하는'으로 해석되면 '현재분사'가 정답이다.

03 The cafeteria is being renovated in order to accommodate
the _____ number of employees.

(A) increasing
(B) increases
(C) to increase
(D) increasingly

빈칸 뒤에 명사 number of employees가 있기 때문에 빈칸은 형용사 자리이다.
보기에 순순한 형용사는 없고 분사가 있다면 정답이 될 수 있다. 따라서 '증가
하고 있는'이란 뜻의 현재분사 (A) increasing이 정답이다.

■ '~된'으로 해석되면 '과거분사'가 정답이다.

04 The newly _____ chairman asked Ms Hong to arrange the
conference.

(A) appoint
(B) appointing
(C) appointed
(D) appointment

명사(chairman) 앞의 빈칸은 형용사가 정답이다. 보기 중에 순수한 형용사는 없
고 변형된 형용사인 (B) appointing 현재분사와 (C) appointed 과거분사가 정답
후보가 될 수 있다. 명사 앞에서 꾸며 주는 분사는 해석을 통해서 문제를 풀 수

있다. '~하면'으로 해석되면 '현재분사'가 정답이고, '~되어진'으로 해석되면 '과거분사'가 정답이다. 여기에서는 newly appointed chairman '새롭게 임명된 의장'으로 해석되어야 함으로 과거분사 (C) appointed가 정답이다.

혼동하기 쉬운 분사 덩어리 표현들

형용사로 굳어진 '현재분사' 덩어리 표현	형용사로 굳어진 '과거분사' 덩어리 표현
remaining employees 남겨진 직원	**detailed information** 자세한 정보
missing luggage 분실된 짐	**attached document** 첨부된 서류
existing equipment 기존의 장비	**revised contract** 수정된 계약서
rising cost 상승하는 비용	**extended hours** 연장된 시간
leading company 선도하는 회사	**preferred means** 선호되는 수단

'~하는'으로 해석되면 '현재분사'가 정답이고, '~된'으로 해석되면 '과거분사' 가 정답이다. 하지만 이 해석 원칙을 벗어난 것처럼 보이는 분사 표현들이 있다. 예를 들어 '남겨진 음식'은 'remained food'이라고 해야 할 것 같다. 이렇게 우리에게 익숙한 한국말 사고구조로 따져보면 당연히 과거분사를 써야 한다. 그러나 remain은 자동사이기 때문에 현재분사를 써서 'remaining food'이라고 해야 한다. 왜냐하면 자동사는 목적어가 없기 때문에 수동태가 불가능하기 때문이다. 수동의 의미를 갖는 과거분사의 형태로 쓰일 수가 없다. 이렇게 논리 적으로 따지면 더 혼동되는 형용사로 굳어진 분사 덩어리 표현들을 암기하자.

■ 형용사로 굳어진 '현재분사' 덩어리 표현이 정답인 경우

05 In December 5 to 7, employees were let go and Yael notified the _____ employees that she was leaving the company.

(A) remain
(B) remains
(C) remained
(D) remaining

형용사로 굳어진 현재분사 덩어리표현 remaining employees '남겨진 직원들'을 암기하자. 정답은 현재분사 (D) remaining이 정답이다.

■ 형용사로 굳어진 '과거분사' 덩어리 표현이 정답인 경우

06 For more _____ information on the event, please e-mail us at the following address.

(A) details
(B) detailed
(C) detail
(D) in detail

형용사로 굳어진 과거분사 덩어리표현 detailed information '자세한 정보'를 암기하자. 정답으로 자주 출제되는 과거분사 덩어리 표현을 알고 있다면 어렵지 않게 정답을 고를 수 있었을 것이다. 정답은 (B) detailed이다.

04 분사가 뒤에서 앞의 명사를 꾸며 주는 경우

한국어는 꾸며주는 말이 아무리 길어도 오직 명사 앞에 와서 수식해주는 구조이다. 하지만 영어는 앞쪽이 길면 뒤쪽으로 보내버리는 원칙이 있다. 왜냐하면 영어는 앞쪽에서 중요한 결과를 말해 놓고 뒤에 떨거지에 해당하는 보충 설명들을 붙여나가는 구조이기 때문이다. 이렇게 한국어와 영어의 구조가 너무 틀리기 때문에, 해석이 안 되거나 문장구조를 어려워하는 부분이 바로 이 부분이다. 그래서 우리에게 익숙하지 않은 '긴 말이 명사 뒤에서 꾸며주는 문장 구조'에 절대적으로 익숙해 져야 한다.

한국말 패턴은 '이러이러한 명사'의 구조이다

 내가 이 세상에서 가장 사랑하는 내 여자친구
　　　　　　　　이러이러한　　　　　　　　명사

미국말 패턴은 '명사 (어떤?) 이러이러한'의 구조이다

my girlfriend that I love best in the world
　명사　　　　　　이러이러한

① '현재분사'가 앞에 있는 명사를 꾸며주는 문장구조

[한국말 어순] 맛있는 해산물 요리를 제공하는 한 레스토랑

[미국말 어순] 한 레스토랑 (어떤?) 맛있는 해산물 요리를 제공하는

[영어식 표현] a restaurant serving delicious seafood
명사   현재분사   이러이러한

② '과거분사'가 앞에 있는 명사를 꾸며주는 문장구조

[한국말 어순] 그 시험 결과에 만족한 한 학생

[미국말 어순] 한 학생 (어떤?) 그 시험 결과에 만족한

[영어식 표현] a student satisfied with the test result
명사   과거분사   이러이러한

명사 뒤에서 꾸며주는 분사도 마찬가지로 해석상 '~하는'의 능동의 의미면 '현재분사'를 사용하고, '~된'의 수동적인 의미면 '과거분사'를 사용하면 된다. 이렇게 의미의 차이 말고도 현재분사와 과거분사는 형태상의 문장 구조에서도 차이가 있다.

만약 단어의 뜻을 몰라 해석이 잘 되지 않는다면 분사 다음에 명사의 유무에 따라 결정할 수도 있다. 능동의 동사 다음엔 명사가 오고, 수동의 동사 다음엔 명사가 오지 못한다. 즉, 능동적인 의미의 '현재분사' 뒤에는 명사가 와서 〈명사 + 현재분사 + 명사〉의 형태를 하지만, 수동적인 의미의 '과거분사'는 뒤에 명사가 오지 못하고 〈명사 + 과거분사 + 전치사 + 명사〉의 형태를 취하게 된다. 이렇게 빈칸 다음에 끊기는지 그렇지 않은지가 초간단 토익 기초문법공식에서 가장 중요한 핵심 공식이다. 다시 한 번 더 강조한다. '전치사, 접속사, 콤

마, 마침표' 앞에서 끊는 공식을 반드시 암기하자!

- '명사 _____ 명사' 구조는 '현재분사'가 정답이다.

07 Workers _____ dangerous chemicals are required to wear protective gear such as safety goggles and gloves.

(A) handled
(B) are handling
(C) handling
(D) handle

빈칸이 진짜동사 자리인지 가짜동사 자리인지 구분하는 것이 중요하다. 빈칸 앞에 주어 Workers가 나왔고 뒤에 진짜동사 are required가 나와서 주어와 동사가 멀리 떨어진 문장 구조이다. 빈칸을 진짜 동사 자리라고 착각해서 (A) handled나 (B) are handling을 급하게 선택하지 않도록 주의하자. 분사가 뒤에서 앞에 나온 명사를 꾸며 줄 수 있다. 빈칸 뒤에 끊기지 않고 명사 dangerous chemicals가 나왔기 때문에 현재분사 (C) handling이 정답이다.

■ '명사 _____ 전치사 + 명사' 구조는 '과거분사'가 정답이다.

08 Manuscripts _____ to the editor in charge of Simon Publishing Company have to be formatted adequately.

(A) send
(B) sent
(C) sending
(D) to send

주어 Manuscripts가 나오고 바로 뒤에 동사가 나오지 않고, 수식어가 딸려 나온 후 저 멀리 진짜 동사 have to be formatted가 나온 문장 구조이다. 이렇게 주어와 동사가 멀리 떨어진 문장 구조를 얼마나 빠르고 신속하게 파악할 수 있느냐가 독해에서 가장 중요하다. '편집자에게 보내진 원고'라는 의미가 되어야 하기 때문에 과거분사 (B) sent가 정답이다. 하지만 정확하게 해석이 되지 않을 수도 있을 것이다. 그러면 빈칸 앞에 Manuscripts 명사가 있고 빈칸 뒤에는 전치사구 to the editor가 나와서 끊을 수 있으므로 과거분사가 정답이다.

05 '~ing'나 '~ed'로 시작하는 문장 구조

'~ing' 현재분사로 시작하는 분사 구문의 3단계 제조 과정

① 주어가 같을 경우, 접속사 다음의 주어를 생략한다.	While ~~I~~ ate dinner, I watched TV.
↓	↓
② 동사의 원형에 '~ing'을 붙인다.	While eating dinner, I watched TV.
↓	↓
③ 생략해도 의미상 혼동이 없을 경우 접속사를 생략한다.	~~While~~ eating dinner, I watched TV.
↓	↓
결국 '~ing' 현재분사로 시작하는 문장이 완성되었다.	Eating dinner, I watched TV.

① 주어가 같을 경우, 접속사 다음의 주어를 생략한다.	Because I was tired, I went home early.

↓

② 동사의 원형에 'ing'을 붙인다. being은 생략할 수 있다.	Because being tired, I went home early.

↓

③ 생략해도 의미상 혼동이 없을 경우 접속사를 생략한다.	Because tired, I went home early.

↓

결국 '~ed' 과거분사로 시작하는 문장이 완성되었다.	Tired, I went home early.

영어는 주어와 동사로 시작하는 것이 원칙이다. 하지만 접속사와 주어를 생략하고 현재분사나 과거분사로 문장을 시작할 수 있다. 이런 문장 구조를 '분사 구문'이라고 한다. 분사로 시작하는 문장의 문제 풀이 공식은 다음과 같다. 빈칸 다음에 끊기지 않고 명사가 나오면 '현재분사'가 정답이고, 빈칸 다음에 전치사 등이 나와 끊기면 '과거분사'가 정답이다. 이렇듯 빈칸 다음에 끊기는지 그렇지 않은지가 가장 중요한 핵심 공식이다.

■ ' _____ 명사, S + V···' 문장 구조에서 빈칸은 '현재분사(~ing)'가 정답이다.

09 _____ its plan to expand into Asian Markets, ABC Motors announced a deal to acquire KCE Automobile Company.

(A) Confirms
(B) Confirmed
(C) Confirming
(D) Confirmation

문장의 처음에 빈칸이 있고 뒤에 명사 its plan이 나온 후, 주어와 동사가 나왔기 때문에 현재분사 (C) Confirming이 정답이다.

■ ' _____ / 전치사 + 명사, S + V···' 문장 구조에서 빈칸은 '과거분사(~ed)'가 정답이다.

10 _____ by the heavy rain, the houses had to be renovated.

(A) Damaged
(B) Damage
(C) Was damaged
(D) Was damaging

문장의 맨 앞에 빈칸이 있고 그 뒤에 전치사구 by the heavy rain이 나온 후, 주어와 동사가 나왔기 때문에 과거분사 (A) Damaged가 정답이다.

when, before, after 다음에 '현재분사'가 나온다

①	②
When Before After	**~ing**

① 접속사 When, Before, After를 확인하고, 현재분사 '~ing'을 정답으로 고르는 경우

② 현재분사 '~ing'을 확인하고, 접속사 When, Before, After를 정답으로 고르는 경우

접속사 다음에 주어와 동사가 나오는 것이 원칙이다. 하지만 접속사 다음에 바로 현재분사나 과거분사가 나올 수 있다. 시간접속사 when, before, after 다음에 빈칸이 있을 경우 현재분사(~ing)가 정답이다. 반대로 현재분사(~ing)가 있을 경우 when, before, after가 정답이 되는 문제로 자주 출제된다.

◎ when driving 운전할 때
◎ before going 가기 전에
◎ after discussing 토론한 후에

■ when, before, after 다음의 빈칸은 '현재분사(~ing)' 정답이다.

11 When _____ your payment, be sure to include the last section of your invoice.

(A) mail
(B) mailed
(C) mails
(D) mailing

접속사 When 다음의 빈칸이 있기 때문에 현재분사 (D) mailing이 정답이다.

■ 현재분사(~ing) 앞의 빈칸은 'when, before, after'가 정답이다.

12 Mr. Lee sought free legal advice online _____ consulting his own lawyers.

(A) within
(B) how
(C) before
(D) whoever

현재분사 consulting 앞에 빈칸이 나왔기 때문에 접속사 (C) before가 정답이다.

07 as, unless, than 다음에 '과거분사'가 나온다

접속사 다음에 주어와 동사가 나오는 것이 원칙이지만, 반복되는 주어와 be동사를 생략하고 현재분사나 과거분사가 바로 나올 수 있다. 접속사 As, unless, than 다음의 빈칸은 '과거분사(~ed)'가 정답으로 출제된다. 특히 최근에 'As' 다음에 noted와 같은 과거분사를 정답으로 물어보는 문제가 출제되고 있다.

 As explained 설명된 것처럼
 unless advised 충고 받지 않았다면
 than expected 예상된 것보다

■ 'As' 다음의 빈칸은 '과거분사(p.p.)'가 정답이다.

13 As _____ in our recent conversation, I am providing more information on the medical conference.

(A) discuss
(B) discussion
(C) discussing
(D) discussed

빈칸 앞에 As가 있고 뒤에는 전치사가 나와서 끊을 수 있다. 해석적으로도 '최근의 대화에서 토론된 것처럼'이므로 빈칸은 과거분사 (D) discussed가 정답이다.

■ 'unless' 다음의 빈칸은 '과거분사(p.p.)'가 정답이다.

14 Children under the age of 10 are not allowed in the facility _____ accompanied by an adult.

(A) also
(B) unless
(C) except
(D) therefore

'성인을 동반하지 않으면' unless accompanied by an adult 자주 나오는 덩어리 표현을 암기하자. 정답은 (B) unless이다.

■ than 다음의 빈칸은 '과거분사(p.p.)'가 정답이다.

15 Korean Airlines's first-quarter profits were 30 percent higher than _____ .

(A) predict
(B) predicted
(C) predicting
(D) prediction

than 다음에 빈칸은 과거분사 (B) predicted가 정답이다. 다음의 덩어리 기출표현 3개를 암기하자. 'than expected' 기대했던 것보다, 'than predicted' 예측했던 것보다, 'than anticipated' 예상했던 것보다.

① **because it is raining**   ⟶   접속사 + 주어 동사
비가 내리기 때문에

② **when using it**   ⟶   접속사 + 현재분사
그것을 사용할 때

③ **unless accompanied**   ⟶   접속사 + 과거분사
동반하지 않으면

④ **if possible**   ⟶   접속사 + 형용사
만약 가능하다면

⑤ **while on duty**   ⟶   접속사 + 전치사구
근무 중인 동안

위의 예문들을 살펴보자. 아마 여러분의 눈에는 굉장히 어색하게 보일 것이다. 왜냐하면 예문 ①을 제외하고 접속사 다음에는 주어와 동사가 나와야 한다는 원칙이 지켜지지 않았기 때문이다. ② when 다음에 현재분사 using이 ③ unless 다음에 과거분사 accompanied가, ④ if 다음에 형용사 possible이, ⑤ while 다음에 전치사구 on duty가 갑자기 나와서 굉장히 어색하게 보일 것이다. 결론을 말하면 주어와 be동사를 생략하고 접속사 다음에 현재분사, 과거분사, 형용사, 전치사구가 나올 수 있다.

■ 전치사구 앞에 '접속사'가 나올 수 있다.

16 Once the package leaves the warehouse, the carrier will assume responsibility for damage _____ in transit.

(A) while
(B) during
(C) that
(D) still

빈칸 다음에 바로 '전치사구' in transit이 나왔기 때문에 접속사가 들어갈 수 있다. '운송 중' in transit과 어울리는 접속사는 (A) while이 정답이다. '~동안'이라고 해석되는 전치사 (B) during 함정에 속지말자. 원래 문장은 'while the package is in transit'에서 반복되는 주어 the package와 be동사 is가 생략된 문장 구조이다.

17 Travellers should always carry their passport, while _____ a foreign country.

(A) in
(B) through
(C) with
(D) along

접속사 while 다음에 전치사구 'in a foreign country'가 나올 수 있다. 따라서 공간 전치사 (A) in이 정답이다.

TO 넌 누구냐? 전치사야 부정사야?

같은 모양을 가진 '전치사 to'와 '부정사 to'를 별개로 생각하는데 근본 의미는 동일하다. 다만 전치사 to의 경우엔 뒤에 '명사'가 오고, 부정사 to의 경우엔 '동 사원형'이 나온다.

TO의 이미지 스토리

여러분들은 졸업하거나 승진하기 위해 토익점수가 반드시 필요합니다.
그래서 마음속으로 "꼭, 토익 목표 점수를 맞을 거야."라는 **목표**를 정하고
열심히 공부를 하기 시작합니다. 목표 점수를 달성하기 위해 애를 쓰고 있는 여러분들의
불타는 강한 의지가 저에게도 눈에 훤하게 보입니다. 정말 피나는 노력을 한 결과,
결국 목표를 달성한 모습을 한 번 상상해 보세요. 생각만으로도 너무 기분 좋지 않나요?

이 이야기 속에 to의 기본개념인 '이동, 의지, 미래'의 개념을 뽑아 낼 수 있다. 처음에 to는 방향과 도착을 의미하는 '어떤 목표를 정한 뒤 그쪽으로 이동해서 결과적으로 그 목표물에 도착했다'라는 전치사의 의미로 쓰이다가, 나중에 to 다음에 동사를 위치시켜 부정사를 표시하는 용도로 변했다. 즉, 그 뿌리는 같다. to의 핵심 뉘앙스를 세 가지로 정리해 보면 다음과 같다.

① 한 목표물을 향해 이동하는 뉘앙스
② 그 목표를 달성하기 위해 애를 쓰는 강한 의지의 뉘앙스
③ 결과적으로 그 목표물에 도달한 뉘앙스

To 다음에 빈칸이 있을 때 '전치사'로 쓰여 명사가 정답인지, 아니면 '부정사'로 쓰여 동사가 정답인지 알 수 없다. 빈칸 앞에 나온 덩어리 표현을 함께 봐야 전치사인지 부정사인지 판단이 가능하기 때문이다. 만약 모르겠다면 부정사로 생각해서 '동사원형'을 정답으로 고르자!

하지만 to가 전치사로 쓰이는 7개 단어 'SOFA + CD2'를 암기하자. 'SOFA + CD2'는 Subject, Object, Forward, Accustomed, Committed, Dedicated, Devoted의 이니셜만 따온 표시이다. 다음에 나오는 to는 전치사로 뒤에 빈칸이 나올 경우 '명사류'가 정답이 된다.

The price is subject to <u>change</u> without notice.
명사

가격은 통보 없이 변하기 쉽다.

I object to <u>your plan</u>.
명사

저는 당신 계획에 반대해요.

I am looking forward to <u>it</u>.
대명사

저는 그게 정말 기다려져요.

I am not accustomed to speaking in public.
동명사

저는 사람들 앞에서 말하는 거 익숙하지 않아요.

We are committed to offering the best service.
dedicated   동명사
devoted

저희는 최고의 서비스를 제공하는 데 전념합니다.

■ to가 전치사인지 부정사인지 모르겠다면 '동사원형'을 정답으로 고르자.

18 Many people are joining us to _____ the final day of Summer Fest.

(A) celebrate
(B) celebrates
(C) celebrating
(D) celebration

빈칸 앞에 to가 있다. 전치사라면 '동명사'가 정답이고, 부정사라면 '동사원형'이 정답이다. 빈칸 앞에 '완전한 문장' Many people are joining us이 나왔고 '축하하기 위해서'의 의미가 되어야 하기 때문에 동사원형 (A) celebrate가 정답이다. to가 전치사인지 부정사인지 잘 모르겠다면 차라리 '동사원형'을 정답으로 고르자.

■ 'SOFA + CD2' 다음의 빈칸은 '명사류'가 정답이다.

19 We are committed to _____ high quality products and services.

(A) offering
(B) offer
(C) offered
(D) be offered

빈칸 앞의 committed to에서 'to'는 전치사이기 때문에 동명사 (A) offering이 정답이다. 'SOFA + CD2'에서 가장 많이 출제되고 있는 핵심 단어는 committed, dedicated, devoted이다.

to부정사는 '동사원형'을 이어주는 연결고리이다

'부정사(不定詞)'는 '아직 결정되지 않은 말'이라는 뜻이다. 이렇듯 부정사는 뭐라고 딱 정해지지 않았기 때문에 문맥과 상황에 따라 뜻도 여러 가지, 역할도여러 가지가 될 수 있다. 형태는 부정사 to 다음에 '동사원형'이 나와야 한다. 예를 들면 'to enter'는 무슨 뜻일까? 가장 많이 쓰이는 뜻을 순서대로 나열하면다음과 같다.

① 들어가기 위해서
② 들어가는 것
③ 들어갈
④ 들어가기에
⑤ 결국 들어갔다
⑥ 왜냐하면 들어가서
⑦ 만약 들어가면

이렇게 많은 뜻 중에서 어떤 의미로 쓰일지는 문맥에 따라 판단해야 한다. 하지만 to 앞에 in order를 붙여 'in order to'가 되면 '~하기 위해서'라는 뜻으로만쓰인다는 강력한 의사 표시이다.

■ in order to 다음의 빈칸은 '동사원형'이 정답이다.

20 The staff lounge is now being renovated in order to _____ the increasing number of employees.

(A) accommodation
(B) accommodates
(C) accommodate
(D) accommodating

빈칸 앞에 'in order to'는 '동사원형'을 이어주는 연결고리이다. 따라서 (C) accommodate가 정답이다.

■ 동사원형 앞의 빈칸은 'in order to'가 정답이다.

21 The technical service team will suspend computer access _____ perform regular maintenance.

(A) much as
(B) in spite of
(C) as if
(D) in order to

빈칸 뒤에 '동사원형' perform이 나왔기 때문에 '~하기 위해서' (D) in order to 가 정답이다. 이 문제는 빈칸 뒤의 동사 'perform' 한 단어만 보고도 정답을 맞힐 수 있어야 한다.

'to enter'의 가장 많이 쓰이는 뜻을 순서대로 나열하면 다음과 같다고 이미 앞에서 언급했다. ① 들어가기 위해서 ② 들어가는 것 ③ 들어갈 ④ 들어가기에 ⑤ 결국 들어갔다 ⑥ 왜냐하면 들어가서 ⑦ 만약 들어가면……. 이렇게 많은 뜻들 중에서 다음의 문장 구조가 나오면 '~하기 위해서'라는 뜻으로만 쓰인다. 두 가지 문장구조에 익숙해지자.

■ 완전한 문장 다음의 'to + 동사원형'은 '~하기 위해서'라고 해석된다.

[I had to leave work early] to attend the conference.
　　[완전한 문장]　　　　　　to 동사원형

나는 일찍 퇴근해야 했다, 회의에 참석하기 위해서.

■ 'To + 동사원형'이 나온 상태에서 콤마 뒤에 주어와 동사가 나오면 '~하기 위해서'라고 해석된다.

To prevent the source from sticking, you should stir it constantly.
To 동사원형　　　　　　　　　　콤마 주어 동사

소스가 들러붙는 것을 막기 위해서, 당신은 그것을 계속해서 저어야 한다.

■ [완전한 문장] to + 동사원형…….

22 The board of directors held a meeting _____ investment.

(A) discussion
(B) discussed
(C) discuss
(D) to discuss

완전한 문장 The board of directors held a meeting 다음의 'to + 동사원형'은 '~하기 위해서'라고 해석된다. (D) to discuss가 정답이다.

■ To + 동사원형…, [주어 + 동사…]

23 _____ its 10th anniversary, the ABC Theater prepared a new piece.

(A) To celebrate
(B) In celebration
(C) Celebrated
(D) Celebrate

'To + 동사원형' 다음에 콤마가 나오고 완전한 문장 the ABC Theater prepared a new piece이 나오면 '~하기 위해서'로 해석된다. (A) To celebrate가 정답이다.

가주어와 진주어의 출제 포인트 4가지

① **To live without water is impossible.**

주어

물 없이 사는 것은 불가능하다.

주어 'To live without water'가 서술어 'is possible'보다 상대적으로 길다. 영어는 앞부분이 길면 문장의 균형을 맞추기 위해서 뒤로 보내버리는, 즉 '길면 뒤로 의 원칙'을 가지고 있다.

길면 뒤로!

② [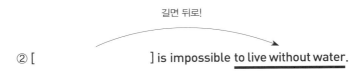] is impossible to live without water.

주어 'To live without water'가 길어서 뒤로 보냈다. 그런데 주어가 차지하고 있 었던 괄호 [   ] 부분을 그대로 두면 뭔가 허전할 뿐만 아니라, 영어는 특별 한 경우가 아니라면 주어가 있어야 하는 것이 원칙이다. 그래서 주어임을 표시 해 주는 단어들을 찾다가 가장 짧으면서도 특별한 의미가 없는 단어 'it'을 주어 자리에 써넣어 준 것이다. 이때 가주어 자리에 That이나 There를 쓸 수 없다.

③ **It is impossible to live without water.**

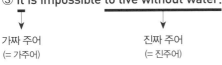

가짜 주어
(= 가주어)

진짜 주어
(= 진주어)

'It'은 그냥 형식상 주어 자리를 차지한 것뿐이다. 문법 용어로 It을 가짜 주어, 즉 '가주어'라고 하고, 뒤에 나온 'to live without water'를 진짜 주어, 즉 '진주어'라고 한다. 가주어와 진주어 구문은 토익에서 많이 나오는 문장 구조이므로 확실하게 익혀 두어야 한다.

④ It is impossible for us to live without water.

'우리가'

위의 문장에서 '우리가'라는 주어를 넣어서 말하고 싶을 때는 어떻게 해야 할까? 가주어 It 자리에 We를 쓰면 '우리는 물 없이 살기엔 구제불능이야.'라는 전혀 의도하지 않은 이상한 뜻이 되어 버린다. 이때는 to부정사 앞에 전치사 for를 써주고 목적격 us를 써서 '우리가'라는 의미상 주어를 표시해 주면 된다. 주의할 점은 전치사 for는 to부정사 앞에서 '~를 위해서'가 아니라 '~가' 주어로 해석해야 한다는 사실이다.

가주어 It의 핵심포인트 4가지

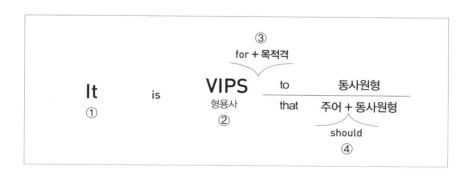

■ 문장이 It으로 시작하면 '가주어'를 떠올리자.

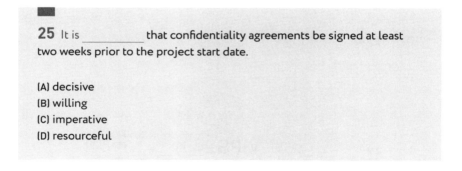

24 _____ is no longer possible for us to provide free information.

(A) How
(B) What
(C) There
(D) It

빈칸 다음에 전치사 for와 to부정사가 나왔다. 따라서 가주어 (D) It이 정답이다. 토익에서 첫 단어가 It으로 시작하면 '가주어'를 먼저 떠올리자. 이 자리에 There 를 쓰면 안 된다. There is~는 '~가 있다'라는 표현으로 뒤에 명사가 나와야 한다.

■ It is 다음의 빈칸은 'VIPS' 형용사가 정답이다.

25 It is _____ that confidentiality agreements be signed at least two weeks prior to the project start date.

(A) decisive
(B) willing
(C) imperative
(D) resourceful

가주어 It is 으로 시작하면 빈칸은 형용사 자리이다. 이때 'VIPS' 형용사 즉, vital 매우 중요한, important 중요한, imperative 반드시 해야 하는, essential 필수적인, necessary 필요한. 보기 중에 있으면 정답이다. 따라서 정답은 (C) imperative이다.

■ to부정사 앞의 전치사 'for'는 주어처럼 해석한다.

26 It is necessary _____ to sign in at the security office.

(A) we
(B) our
(C) for us
(D) of our

문장의 첫 단어가 가주어 It으로 시작하고 있다. 빈칸 뒤에 to부정사가 있을 때, '우리가'라는 의미상 주어는 전치사 for를 써서 표현해 준다. 따라서 정답은 (C) for us이다.

■ to 다음엔 '동사원형'이 나오고, that 다음엔 '주어와 동사'가 나온다.

27 It is important _____ all projects before the end of the fiscal year.

(A) complete
(B) completed
(C) completing
(D) to complete

진주어는 부정사 to와 접속사 that이 있다. 이때 '동사원형'이 나오면 to부정사를 써 주고, '주어와 동사가' 나오면 접속사 that을 써 주면 된다. 위의 문제에서는 동사원형을 연결시키기 위해서 to부정사가 필요하다. 따라서 (D) to complete가 정답이다.

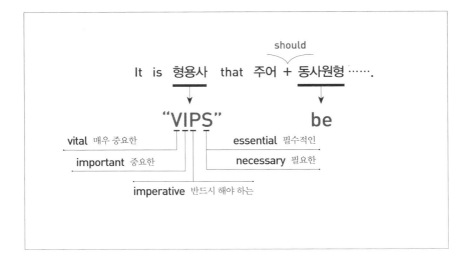

It is 다음에 vital 매우 중요한, important 중요한, imperative 반드시 해야 하는, essential 필수적인, necessary 필요한, 등을 의미하는 형용사가 나오면 that 뒤의 주어는 '당연히 ~해야 한다'는 뉘앙스의 말이 나와야 하기 때문에 조동사 should를 써야 한다. 하지만 말의 흐름상 너무 당연해서 should를 생략하고 '동사원형'을 쓴다.

◎ It is imperative that Ms. Kim contact us by 6 o'clock.
그것은 꼭해야한다 (그게 뭔데?) 그가 6시까지 우리에게 연락해야 하는 것이.

◎ It is important that a new toner cartridge be shaken first.
그것은 중요하다 (그게 뭔데?) 새로운 토너 카트리지가 먼저 흔들어 져야 하는 것이.

■ 'VIPS 형용사' 다음에는 '동사원형'이 정답이다.

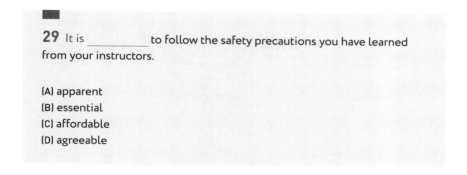

28 It is essential that the equipment _____ in accordance with the safety regulations.

(A) to use
(B) using
(C) used
(D) be used

접속사 that 앞에 'VIPS' 형용사인 essential이 나왔다. 그럼 해석보다는 조동사 should를 생략하고 '동사원형'을 써야 한다는 문법 내용이 먼저 떠올라야 한다. 갑자기 동사원형 be used가 나와서 틀린 문장 같지만, 조동사 다음에 동사원형이 나와야 하기 때문에 맞는 문장이다. 따라서 (D) be used가 정답이다.

■ It is 다음의 빈칸은 'VIPS' 형용사가 정답이다.

29 It is _____ to follow the safety precautions you have learned from your instructors.

(A) apparent
(B) essential
(C) affordable
(D) agreeable

가주어 It is가 나오고 보기에 형용사 어휘가 나왔을 때, 'VIPS 형용사' vital, important, imperative, essential, necessary가 나오면 정답이다. 따라서 정답은 (B) essential이다.

14 'ARS' 동사를 암기하자

요구 · 요청 · 권고 · 제안의 뜻을 가지고 있는 'ARS 동사' 다음엔 조동사 should
를 생략하고 동사원형을 쓴다. 그 원리는 접속사 that을 중심으로 앞의 주어
가 강력히 주장하거나, 명령하거나, 요청하거나, 제안을 한다면 그 뒤의 주어
는 당연히 '~해야 한다'라는 느낌의 말이 나올 수밖에 없다. 그래서 말의 흐름
상 너무나 당연해서 조동사 should를 생략시키고 동사원형을 쓰는 것이다 '생
략의 대원칙'은 생략을 해도 말의 흐름상 뭐가 생략되었는지 누구나 뻔히 파악
할 수 있고, 많은 사람들이 그런 규칙을 따르다 보니 하나의 문법 패턴으로 굳
어져 버린 것이다.

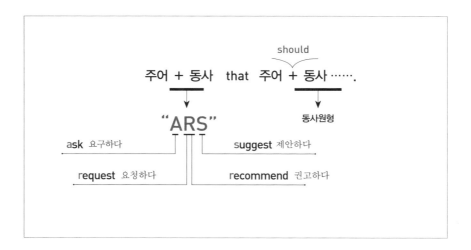

접속사 that 앞에 주장(insist), 요구(require, demand), 요청(request, ask), 명령(order,
command), 권고(recommend, propose), 제안(suggest, propose), 충고(advise) 등을 나타
내는 동사들이 나오면 that 뒤의 주어는 '당연히 ~해야 한다'는 뉘앙스의 말이

나와야 하기 때문에 조동사 should를 써야 한다. 하지만 말의 흐름상 너무 당연해서 should를 생략하고 '동사원형'을 쓴다.

🎯 The hotel requested that he make reservations in advance.
그 호텔은 요청했다, 그가 예약을 해야 한다고, 미리.

접속사 that 다음의 주어가 he이기 때문에 make가 아니라 makes가 되어야 할 것 같다. 또한 과거 동사 requested가 나왔기 때문에 접속사 that 다음의 동사도 과거 시제 made가 되어야 한다고 착각하기 쉽다. 하지만 that 앞에 '요청동사' request 가 나왔기 때문에 should가 생략되었다는 것을 빨리 알아차려야 한다. 그래서 시제와 인칭에 전혀 영향을 받지 않고 동사원형 make가 나오는 것이다.

🎯 He insisted that the defective products be replaced.
그는 주장했다, 결함이 있는 제품들이 대체되어야 한다고.

위의 예문을 얼핏 보면 틀린 문장처럼 보인다. 왜냐하면 접속사 that 다음에 갑자기 동사원형 be replaced가 나왔기 때문이다. 접속사 that 앞에 '주장하다' insist가 나왔기 때문에, 조동사 should를 생략하고 그냥 동사원형 be만 남은 것이다. 앞으로 독해를 하다가 갑자기 동사원형 be가 나오면 당황하지 말고 조동사 should가 생략된 거구나라고 생각하면 된다. 독해하다가 의외로 자주 만나게 될 것이다.

■ 'ARS 동사'를 제시하고 '동사원형'을 고르는 경우

30 Our technician recommended that the computer _____ off during the inspection.

(A) turn
(B) turned
(C) be turned
(D) is turned

접속사 that 앞에 '제안동사' recommend가 나왔기 때문에 should를 생략하고 동사원형을 써야 한다. 따라서 (A) turn과 (C) be turned가 정답 후보가 될 수 있다. 컴퓨터가 꺼지는 것이므로 수동태를 써야 한다. 따라서 (C) be turned이 정답이다. 갑자기 동사원형 be가 나온다고 어색해 하지 말자.

■ 동사원형을 제시하고 'ARS 동사'를 고르는 경우

31 The director has _____ that every employee attend the training session.

(A) seen
(B) talked
(C) requested
(D) meant

'ARS' 동사들은 접속사 that과 잘 어울려 쓰인다. 또 다른 단서는 접속사 that 다음의 주어 every employee가 3인칭 단수임에도 불구하고 동사를 attends를 쓰

지 않고 attend로 쓰였다. 이것은 조동사 should가 생략되고 동사원형이 나왔다는 의미이다. 따라서 정답은 (C) requested이다.

to부정사와 잘 어울려 쓰이는 단어들

'is to 동사원형'이 나오면 aim, goal, purpose, objective가 정답

Our major aim is to gain the trust of the client.
우리의 주된 목표는 고객들의 신임을 얻는 것이다.

The goal of this program is to resolve customer complaints quickly.
이 프로그램의 목적은 고객 불평들을 빠르게 해결하는 것이다.

The purpose of this workshop is to help sales staff.
이 워크숍의 목적은 판매 직원들을 돕는 것이다.

32 The _____ of this health care system is to provide patients with better services.

(A) objective
(B) destination
(C) pursuit
(D) productivity

빈칸은 명사 자리이다. 전체 문장을 해석하기 전에 정답이 되는 단서를 찾아 보자. 뒤에 동사 패턴이 'is to + 동사원형'의 형태가 나왔을 때, 보기 중에 aim, goal, purpose, objective가 등장하면 정답이 된다. 따라서 (A) objective가 정답 이다.

'명사' 뒤에 to부정사가 정답인 덩어리 표현들

- ◎ effort to succeed 성공하기 위한 노력
- ◎ opportunity to speak 말할 수 있는 기회
- ◎ right to vote 투표할 권리
- ◎ time to sleep 잘 시간
- ◎ ability to think 생각할 수 있는 능력

33 In an effort _____ employee productivity, managers should eliminate unsafe factors in the workplace.

(A) to increase
(B) increased
(C) increases
(D) has increased

명사 effort 다음엔 'to 동사원형'이 나온다. (A) to increase가 정답이다. '~하기 위한 노력으로' in an effort to do를 덩어리로 암기해 놓자.

'형용사' 뒤에 to부정사가 정답인 덩어리 표현들

- ◎ I won't be able to come today. 저는 오늘 갈 수 없어요.
- ◎ It is likely to rain. 비가 올 것 같아요.
- ◎ I am willing to help you. 제가 기꺼이 도와드릴게요.
- ◎ I am ready to go out. 저는 나갈 준비 됐어요.
- ◎ Please be sure to review it. 그거 꼭 검토하세요.

34 The terminal will be able _____ three large cruise ships at the same time.

(A) to be accommodated
(B) to accommodating
(C) to accommodate
(D) accommodating

빈칸 앞에 형용사 able은 to부정사와 잘 어울려 쓰이는 표현이다. 따라서 (A) to be accommodated와 (C) to accommodate가 정답 후보가 될 수 있다. 하지만 빈칸 뒤에 끊기지 않고 목적어 three large cruise ships가 나왔기 때문에 수동태는 정답이 될 수 없다. 따라서 (C) to accommodate가 정답이다.

'동사' 뒤에 to부정사가 정답인 덩어리 표현들

◎ I want /would like /wish /hope /plan to go home.
나는 집에 가는 것을 원한다 /하고 싶다 /바란다 /희망한다 /계획한다.

◎ I failed to meet the deadline.
나는 마감일 맞추는 것을 실패했다.

35 Because the Accounting Department did not provide the needed figures in time, we failed _____ the presentation deadline.

(A) to meeting
(B) meeting
(C) to meet
(D) meet

동사 fail 다음엔 'to 동사원형'이 나온다. 따라서 (C) to meet이 정답이다.

~ing 넌 누구냐? 현재분사야 동명사야?

영어문장을 독해하다 보면 '~ing'이 붙어 있는 경우를 자주 볼 수 있다. 생긴 모습이 모두 '동사 + ing'형태이기 때문에 너무나 헷갈린다. 이것을 문법용어로는 '현재분사'나 '동명사'라고 한다. 심지어 어떤 경우에는 동명사가 완전히 '명사'로 굳어진 경우도 있다.

'~ing'의 이미지 스토리

자, 지금부터 한번 상상의 나래를 펼쳐보세요.
지금 당장 그림을 **그리고 있는** 여러분들의 모습을 한번 상상해보세요.
조금 전에 그림을 그리기 시작했고
아직도 여전히 **그림을 그리는** 행위를 하고 있는 모습 말이에요.
그래서 결국 여러분들은 하나의 결과물인 **그림**을 완성해 냅니다.
상상이 되시나요? 이 장면 안에 '동사 + ing'의 모든 기본개념이 포함되어 있습니다.

'painting'의 파생과정 3단계

① 현재분사 : 그리고 있는
→ 지금 이 순간에 그림을 그리고 있는 상태

I am painting a picture.
나는 그림을 그리고 있는 중 이다.

② 동명사 : 그리는 것
→ 단순히 그림을 그리는 행위

Painting a picture is fun.
그림 그리는 것은 재미있다.

③ 명사 : 그림
→ 그리는 행위에 대한 결과물

Look at the painting.
저 그림을 보세요.

영어에서 '~ing'가 쓰이는 경우는 총 3가지가 있다. 모양은 똑같이 생겼지만 쓰임은 다르다. 예를 들어 동사 meet에 '~ing'가 붙어 'meeting'이 되면 ① '만나고 있는'의 현재분사, ② '만나는 것'의 동명사, ③ '만남'이라는 뜻의 명사로 쓰인다.

또 다른 예를 들어보자. study에 '~ing'을 붙여 'studying'이 되면 ① '공부하고 있는'의 현재분사, ② '공부하는 것'의 동명사로 쓰인다. 하지만 ③ '공부'라는 명사로 되지는 않는다. 왜냐하면 study는 '공부'라는 뜻의 명사가 이미 존재하기 때문이다. 즉, 모든 동명사의 형태가 명사로 굳어지지는 않는다. 토익에 자주 나오는 명사로 완전히 굳어진 단어에는 'marketing 마케팅, opening 공석, advertising 광고, planning 계획수립, funding 자금조달'등이 있다.

■ '~ing'가 현재분사로 쓰인 경우

36 A renovation of the old bridge _____ traffic congestion is being considered.

(A) cause
(B) causing
(C) caused
(D) causes

빈칸을 동사 자리로 착각해서 (A) cause나 (D) causes를 정답으로 고르지 말자. 본동사 is가 빈칸 뒤에 나왔기 때문에 빈칸은 가짜동사 자리다. 분사가 앞에 나온 명사를 꾸며줄 수 있는데 '교통 체증을 야기하는 오래된 다리'라는 의미가 되어야 하기 때문에 현재분사 (B) causing이 정답이다.

■ '~ing'가 동명사로 쓰인 경우

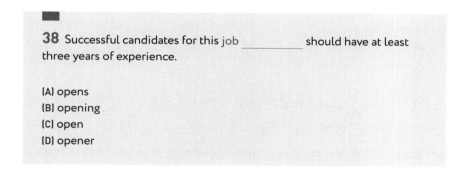

37 We are considering _____ production facilities to reduce shipping costs.

(A) relocate
(B) relocated
(C) to relocate
(D) relocating

빈칸 앞에 본동사 are considering이 나왔기 때문에 동사를 또 쓸 수는 없다. '이전하는 것'이라는 말을 하고 싶을 때 to부정사 (C) to relocate와 동명사 (D) relocating이 정답 후보가 될 수 있다. 하지만 빈칸 앞 consider는 동명사를 목적어로 취하는 동사이기 때문에 (D) relocating이 정답이다.

■ '~ing'가 명사로 굳어진 경우

38 Successful candidates for this job _____ should have at least three years of experience.

(A) opens
(B) opening
(C) open
(D) opener

opening은 '개장'이나 '공석'이라는 뜻으로 명사로 완전히 굳어진 단어이다. job opening '일자리, 공석'의 복합명사로 알아 두자. 정답은 (B) opening이다.

동명사를 '목적어'로 취하는 동사

동명사를 목적어로 취하는 동사는 enjoy, mind, consider, suggest, discontinue, recommend, include, finish, admit, postpone, avoid 등이 있다. 이걸 다 외우고 있으면 좋겠지만 쉽지는 않을 것이다. 예전에는 'consider'가 자주 출제되었는데 최근엔 'suggest'가 집중적으로 출제되고 있다. 이 두 단어만 이라도 반드시 확실하게 외우자!

■ 'consider'는 동명사를 목적어로 취하는 동사다.

39 The government is considering _____ a quality-certification process of the agricultural products.

(A) introduce
(B) to introduce
(C) introducing
(D) introduction

빈칸 앞의 동사 'is considering'은 '현재 고려하고 있는 중이다'의 의미로 문법 용어로는 '현재 진행형'이라고 한다. 여기서 'considering' 형태만을 따로 뽑아서 '현재분사'라고 부르고, 뒤의 'introducing'은 '도입하는 것'이라는 뜻으로 '동명사'로 쓰이고 있다. '~하는 것'이라는 말을 하고 싶을 때 consider는 동명사를 목적어로 취하는 동사이다. 따라서 (C) introducing이 정답이다.

■ 'suggest'는 동명사를 목적어로 취하는 동사다.

40 If you're not familiar with the new machine, we suggest _____ the manual thoroughly.

(A) to read
(B) read
(C) were read
(D) reading

'~하는 것'이라는 말을 하고 싶을 때 suggest는 동명사를 목적어로 취하는 동사이다. (D) reading이 정답이다.

18 전치사와 명사 사이의 빈칸은 '동명사'가 정답이다

by in on without for	~ing	a the 소유격	명사

빈칸 앞에 by, in, on과 같은 전치가 있고, 빈칸 뒤에 명사가 나오면 '동명사'가 정답이다. 이때 명사 앞에 a, an, the와 같은 관사나 my, his, your와 같은 소유격이 나오거나 또는 관사나 소유격 없이 명사가 단독으로 나올 수 있다. 전치사 다음에 동명사가 나오는 아래의 표현도 함께 익혀두자.

 by replacing 교체함으로써
 in selecting 선택하는데 있어서
 upon retiring 은퇴 하자마자
 without leaving 남기지 않고
 for maintaining 유지하기 위해

■ '전치사 _____ a 명사' 사이의 빈칸은 '동명사'가 정답이다.

41 Please call our customer assistance center for more information on _____ a password.

(A) creation
(B) create
(C) created
(D) creating

빈칸 앞에 전치사 on이 있기 때문에 명사나 동명사가 나올 수 있다. 하지만 빈칸 뒤에 끊기지 않고 명사 a password가 나왔기 때문에 동명사 (D) creating이 정답이다.

■ 'by ~ing'는 '~함으로써'라는 뜻이다.

42 You can make your cake soft or firm by _____ the amount of milk.

(A) varies
(B) varying
(C) varied
(D) vary

빈칸 앞에 전치사 by가 있고 뒤에 명사 the amount of milk가 있기 때문에 동명사 (B) varying이 정답이다.

■ 전치사 다음에 빈칸이 있고 끊기면 '순수한 명사'가 정답이다.

43 The country's economy was relatively inactive in 2015, in _____ with other Asian economies.

(A) compare
(B) comparing
(C) comparative
(D) comparison

빈칸 앞에 전치사가 있는 상태에서, 빈칸 뒤에 끊기지 않고 명사가 나오면 '동명사'가 정답이다. 하지만 빈칸 뒤에 전치사, 접속사, 콤마, 마침표가 나와서 끊기면 '순수한 명사'가 정답이다. 문제를 풀 때는 항상 빈칸 앞뒤를 잘 살펴보는 것이 중요하다. 빈칸 앞에 전치사 in이 있고 뒤에도 전치사 with가 와서 끊을 수 있다. 따라서 정답은 명사 (D) comparison이다. 동명사 (B) comparing 오답 함정에 속지 말자.

단수복수
'반응 공식'

주어와 동사가 멀리 떨어진 문장구조 6가지

| 주어 | ① 형용사
② 전치사
③ 관계대명사
④ 현재분사
⑤ 과거분사
⑥ to부정사 | 동사 |

주어 다음에 바로 동사가 나오지 않고 ① 형용사 ② 전치사 ③ 관계대명사 ④ 현재분사 ⑤ 과거분사 ⑥ to부정사 등의 수식어구가 나와 앞의 주어인 명사를 꾸며 주는 문장 구조, 즉 주어와 동사가 멀리 떨어진 문장 구조가 토익에 많이 나온다. 이렇게 주어와 동사가 멀리 떨어진 문장 구조를 얼마나 신속하고 정확하게 파악하느냐에 따라 독해 실력이 결정된다. 토익 고득점을 얻기 위해서는 이 문장 구조에 반드시 익숙해져야 한다.

① '형용사'가 앞의 명사를 꾸며 주는 경우

◎ Applicants (eligible for the interview) will be announced next week.
지원자들 (어떤?) 인터뷰에 적합한 지원자들이 발표될 것이다, 다음 주에.

② '전치사'가 앞의 명사를 꾸며 주는 경우

◎ Reserved spaces (in the front parking area) are for customers only.
지정된 공간들 (어떤?) 앞 주차장 지역에 지정된 공간들은 오직 고객들을 위한 것이다.

③ '관계대명사'가 앞의 명사를 꾸며 주는 경우

🎯 The parts (which your company ordered) will be shipped next week.
그 부품들 (어떤?) 당신의 회사가 주문한 부품들은 운송될 것이다, 다음 주에.

④ '현재분사'가 앞의 명사를 꾸며 주는 경우

🎯 Anyone (ordering office supplies) must first check with the supervisor.
어떤 사람들 (어떤?) 사무 용품들을 주문하는 어떤 사람도 우선 감독자에게 확인해야 한다.

⑤ '과거분사'가 앞의 명사를 꾸며 주는 경우

🎯 Every employee (interested in attending the seminar) should contact him.
모든 직원들 (어떤?) 세미나에 참석하는 데 관심 있는 모든 직원들은 그에게 연락해야 한다.

⑥ '부정사'가 앞의 명사를 꾸며 주는 경우

🎯 The best way (to broaden my horizons) is to work in various fields.
그 최고의 방법 (어떤?) 나의 시야를 넓힐 수 있는 최고의 방법은 일하는 것이다, 다양한 분야에서.

01 The notice explaining the new vacation policies _____ in the employees lounge.

(A) posted
(B) has been posted
(C) were posted
(D) had posted

 문제풀이 사고 과정 3단계

1. 주어 확인

주어 The notice 다음에 바로 동사가 나오지 않고 현재분사 explaining the new vacation policies 수식어구가 나왔다. 그럼 주어와 동사가 멀리 떨어진 문장 구조라는 것을 빨리 알아차리자.

2. 동사 확인

빈칸 앞의 복수명사 policies에 속아서 (C) were posted를 고르는 실수를 하지 말자. 주어가 단수명사 notice이기 때문에 정답이 되려면 was posted가 되어야 한다. 주어와 동사가 멀리 떨어진 문장 구조에 익숙해지자.

3. 빈칸 뒤 확인

빈칸 뒤에 전치사 in이 있으므로 빈칸 다음에 끊을 수 있다. '수동태 다음에 끊긴다'는 공식만 알고 있다면 (B) has been posted가 정답이라는 것을 알 수 있다.

■ 주어를 주고 저 멀리 떨어진 '동사의 수'를 일치시키는 문제

02 The trees along the street _____ to be watered at least once a week.

(A) needs
(B) need
(C) needing
(D) to need

주어 The trees 다음에 동사가 바로 나오지 않고 전치사구 along the street가 나와서 주어와 동사가 멀리 떨어진 문장 구조이다. 빈칸은 동사 자리이므로 (C) needing과 (D) to need는 오답이다. 이때 빈칸 앞의 단수명사 the street 때문에 단수동사 (A) needs를 고르는 실수를 하지 말자. 주어가 The trees 복수이므로 복수동사 (B) need가 정답이다. '명사s'는 복수고, '동사s'는 단수임을 반드시 명심하자!

■ 저 멀리 떨어진 동사를 보고 '주어의 수'를 일치시키는 문제

03 Some _____ for agricultural subsidies were approved by the Department of Finance.

(A) requested
(B) request
(C) requesting
(D) requests

빈칸은 명사 자리이다. 따라서 (B) request와 (D) requests가 정답 후보가 될 수 있다. 주어 다음에 바로 동사가 나오지 않고 수식어구 'for agricultural subsidies'가 나와서 주어와 동사 사이를 멀리 떨어뜨려 놓았다. 이때 동사가 복수 were 이기 때문에 주어도 복수명사를 써서 (D) requests가 정답이다.

■ 주어 다음에 동사가 바로 나오지 않고 '수식어'를 물어보는 문제

04 Prospective buyers _____ in the newest group of Harmony Homes may visit model houses from 10:00 am until 3:00 pm.

(A) interesting
(B) interested
(C) interest
(D) interests

주어 Prospective buyers 다음에 바로 동사가 나오지 않고 저 멀리 동사 may visit 가 나왔다. 빈칸은 앞의 명사를 꾸며주는 수식어구이다. 의미적으로도 '~에 관심이 있는'의 덩어리 표현은 'interested in'이다. 구조적으로도 명사와 전치사 사이에 밑줄이 있다면, 수동의 의미를 가지고 있는 과거분사 (B) interested가 정답이다.

02 Those나 Anyone으로 시작하는 문장 구조

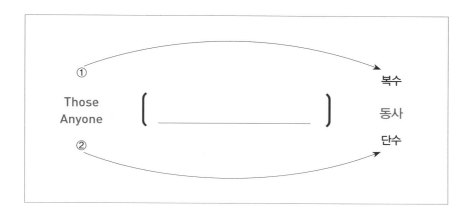

'사람들'이라는 의미로 쓰이는 Those와 Anyone은 동사가 바로 나오지 않고, 주어와 동사가 멀리 떨어져 있는 문자구조 형태를 취한다. Those는 저 멀리 '복수동사'가 나오고, Anyone은 '단수동사'가 나온다는 차이점이 있다.

① Those는 '복수동사'를 쓴다.

 <u>Those</u> (wishing to attend the course) <u>are required</u> to enroll in advance.
　　　　주어　　　　　　　　　　　　　　　　복수동사

사람들 (어떤?) 그 과정에 참석하길 원하는 사람들은 요구된다, 미리 등록하는 것이.

② Anyone은 '단수동사'를 쓴다.

 <u>Anyone</u> (interested in this position) <u>has to submit</u> the application promptly.
　　　　주어　　　　　　　　　　　　　　　　단수동사

사람들 (어떤?) 이 일자리에 관심 있는 사람은 신청서를 제출해야 한다, 신속히.

■ '～하는 사람들' Those who를 덩어리로 암기하자

05 _____ who have not received the registration form should report to the registration desk.

(A) This
(B) These
(C) That
(D) Those

빈칸 뒤에 who가 있다. '～하는 사람들'의 덩어리 표현인 'Those who'를 알고 있다면 어렵지 않게 정답을 찾을 수 있었을 것이다. (D) Those가 정답이다.

■ 주어를 꾸며주는 '수식어'를 물어보는 경우

06 Those _____ to participate in the course are required to enroll in advance.

(A) wishes
(B) will wish
(C) wish
(D) wishing

'사람들'의 의미로 쓰이는 Those는 바로 뒤에 동사가 나오지 못한다. 수식어구가 나온 후 저 멀리 동사 are required가 나와서 주어와 동사가 멀리 떨어진 문장 구조를 취하고 있다. 따라서 '～하는'의 의미로 쓰이는 현재분사 (D) wishing이 정답이다.

■ 저 멀리 떨어진 동사의 수를 확인하고 주어를 고르는 경우

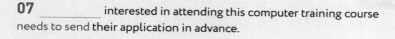

07 _____ interested in attending this computer training course needs to send **their** application in advance.

(A) Those
(B) Anyone
(C) Whoever
(D) You

정답 후보는 (A) Those와 (B) Anyone이 될 수 있다. (C) Whoever는 Anyone who 로 뒤에 동사 is가 나와야 정답이 될 수 있다. 둘 다 '사람들'이라는 의미로 쓰 이는데 Those는 저 멀리 '복수동사'가 나오고, Anyone은 저 멀리 '단수동사'가 나온다는 차이점이 있다. 단수동사 needs가 나왔기 때문에 정답은 (B) Anyone 이다.

03 명사 뒤에 '주어 + 동사'가 바로 나오는 문장 구조

④
that
The items (you ordered) will be shipped next Monday.
명사 주어 + 동사 동사
① ② ③

그 물건들 (어떤?) 당신이 주문한 그 물건들은 배송될 것이다. 다음 주 월요일에.

① 주어인 명사 The items로 문장이 시작한다.
② 바로 동사가 나오지 않고 '주어와 동사' you ordered가 앞의 명사를 수식해
   준다.
③ 또다시 진짜동사 will be shipped가 나왔다.
④ 목적격 관계대명사 that은 자주 생략된다.

위와 같은 문장 구조를 잘 파악하지 못해서 해석하는 데 어려움을 겪는 경우가
많이 있다. 명사 다음에 곧바로 주어와 동사가 나온다면, 앞의 명사를 꾸며 주
는 문장 구조이다. 위의 문장은 목적격 관계대명사가 that이 생략된 경우이다.
이렇게 목적격 관계대명사가 없이 주어와 동사가 바로 나와서 앞에 있는 명사
를 꾸며 주는 문장 구조는 독해할 때 자주 나오기 때문에 반드시 익숙해져야
한다.

■ 내가 본 그 영화 'the movie that I saw'를 대표 예문으로 암기하자

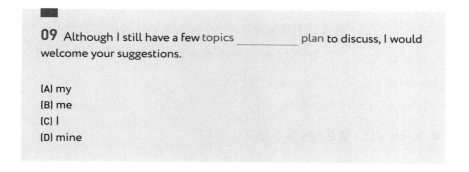

08 The guest speaker will answer the questions _____ you might have about the new policies.

(A) that
(B) whose
(C) whom
(D) who

빈칸 뒤에 주어와 동사 you might have가 앞에 나온 명사 the questions를 수식해 주는 구조이다. 사물명사이기 때문에 which 대용으로 that을 쓸 수 있다. 목적격 관계대명사 (A) that이 정답이다.

09 Although I still have a few topics _____ plan to discuss, I would welcome your suggestions.

(A) my
(B) me
(C) I
(D) mine

빈칸 앞에 명사 topics가 있고 뒤에 동사 plan이 있기 때문에 주격 인칭대명사 (C) I가 정답이다. 이때 plan을 명사로 착각해서 소유격 (A) my를 고르는 실수를 하지 말자.

04 명사의 단 · 복수, 절대로 성급하게 판단하지 마라!

예를 들어 'beauty'라는 명사는 셀 수 있을까, 셀 수 없을까? beauty는 '아름다움'라는 뜻으로 우리 눈에 보이지 않는 추상명사이기 때문에 셀 수 없는 명사라고 생각할 수도 있다. 하지만 이것은 반은 맞고 반을 틀리다. 왜냐하면 beauty라는 단어 앞에 'a'나 뒤에 's'를 붙여주게 되면 '미인' 이라는 셀 수 있는 사람명사가 되기 때문이다. 이처럼 많은 명사들의 수의 개념이 한 가지로 딱 고정된 것이 아니라, 주어진 상황과 문맥에 따라 달라질 수 있다.

영어는 수 개념을 명확하게 따지는 언어라서 '셀 수 있는 명사'는 하나일 경우 앞에 'a'를 붙이고, 여럿일 경우 뒤에 's'를 붙여 줘야 한다. 하지만 '셀 수 없는 명사'는 앞에 'a'나 뒤에 's'를 붙일 수는 없다. 참고로 관사 'the'는 콕 찍어서 '바로 그'라는 뜻으로, 명사의 단수와 복수에 상관없이 아무 명사나 가리지 않고 나올 수 있다.

■ 명사에 'a'와 's'를 동시에 쓸 수 없다.

10 ABC Company will conduct an aggressive _____ to restore its reputation with customers.

(A) campaigned
(B) campaign
(C) campaigns
(D) campaigning

빈칸 앞에 형용사 aggressive가 나왔기 때문에 빈칸은 명사 자리이다. (B) campaign과 (C) campaigns가 정답 후보가 될 수 있다. 앞에 'an'이 있기 때문에 복수명사 (C) campaigns는 오답이다. 명사에 'a'와 's'를 동시에 쓸 수 없다. 따라서 단수명사인 (B) campaign이 정답이다.

■ 모르겠다면 '복수명사'를 정답으로 고르자!

11 As indicated in the memo, equipment should not be used for unnecessary _____.

(A) purpose
(B) purposes
(C) purposely
(D) purposeful

형용사 unnecessary 다음의 빈칸은 명사 자리이다. 그렇다면 '목적' purpose가 셀 수 있는 명사인지, 아니면 셀 수 없는 명사인지를 판단해야 한다. 명사의 단·복수에 대한 개념을 절대로 우리 한국말에 끼워 맞춰서 성급하게 판단하지 말자. 만약 셀 수 없는 명사라고 정확히 외운 단어가 아니라면, 차라리 셀 수 있는 명사라고 생각하자. 이렇게 보기 중에 단수명사와 복수명사가 동시에 나왔을 때, 빈칸 앞에 'a'가 없다면 복수명사가 대부분 정답이다. 따라서 정답은 (B) purposes다.

'셀 수 없는 명사' 그래도 몇 단어만 외우자

셀 수 없는 명사

information   equipment
정보   장비

furniture   baggage   luggage   clothing
가구   수화물   수화물   옷

access   money   advice
접근   돈   충고

셀 수 없는 명사는
앞에 a나 뒤에 s를 붙일 수 없다.

셀 수 있는 명사와 셀 수 없는 명사에 너무 집착해서 모든 명사들을 따로 따로 외울 수는 없다. 예를 들면 '인기 popularities, 명성 reputations, 활동 activities'등의 명사를 추상적인 의미를 지녀서 셀 수 없는 명사라고 생각하기 쉽다. 하지만 셀 수 있는 명사들이다. 오히려 반대로 '정보 information, 장비 equipment, 가구 furniture'는 셀 수 있는 명사처럼 느껴지지만 셀 수 없는 명사다. 수에 대한 개념이 우리의 생각과 영어를 쓰는 원어민과의 생각은 너무나 다르다. 이렇듯 명사의 수를 따질 때 절대 한국말 논리로 끼워 맞춰서 성급하게 판단하지 말자.

영어의 많은 대부분의 명사들이 상황에 따라 셀 수 있을 때도 있고, 셀 수 없는 명사 양쪽으로 쓰인다. 예를 들면 'room' 앞에 a나 s를 붙이면 셀 수 있는 명사로 '방'이라는 뜻이 되고, 단독적으로 나오면 셀 수 없는 명사로 '공간'이라는 뜻이 된다. 토익 시험에 출제되었던 가장 중요한 '셀 수 없는 명사'를 외운 상태에서 위에 있는 명사가 아니라면 그냥 마음 편하게 셀 수 있는 명사라고 생각하자.

- 'information'은 셀 수 없는 명사다.

12 To get a more detailed _____ of our products, please call our office.

(A) information
(B) description
(C) certification
(D) inquiries

빈칸 앞의 detailed 때문에 '자세한 정보 detailed information'이 떠올라서 (A) information이 정답이라고 착각했을 것이다. 하지만 information은 셀 수 없는 명사로 앞에 a가 나올 수 없다. 또한 복수명사 (D) inquiries는 앞에 a가 나왔기 때문에 오답이다. (B) description 설명, (C) certification 자격증, 중에서 해석을 통해 (B) description이 정답인 것을 알 수 있다.

■ 'access'는 셀 수 없는 명사다.

13 Tony's offices are conveniently located in the heart of the business district with easy _____ to public transportation.

(A) accessing
(B) accessed
(C) access
(D) accesses

빈칸 앞에 형용사 easy가 나왔고 뒤에 전치사 to가 나왔기 때문에 빈칸은 명사 자리이다. 우선 (A) accessing과 (B) accessed는 오답이다. 'access'는 '접근, 접근하다'라는 뜻으로 동사와 명사가 동시에 되는 단어이다. 이 단어가 셀 수 있는지 없는지 만약 모르겠다면 복수명사 (D) accesses를 고르고 틀리면 된다. 꼭 암기해두자! 'access'는 셀 수 없는 명사로만 쓰이는 단어이다. 이렇게 셀 수 없는 명사가 나와서 정답이 되는 경우는 1년에 한 문제 정도로 거의 출제되지 않고 있다. 따라서 앞에 a가 없을 경우 단수명사가 정답이 될 확률은 매우 적다. 위의 문제에서는 access가 '셀 수 없는 명사'이므로 (C) access가 정답이다.

06 사람명사와 사물명사를 구분하자

◎ He is a _____.

빈칸 자리에 'photograph(사진)'이 아니라 'photographer(사진사)'라고 해야 한다. 이렇게 명사가 사람인지 사물인지를 꼭 구별해서 사용해야 올바른 문장이 된다. 사람명사든 사물명사든 둘 다 명사임으로 문장의 주어, 목적어, 보어자리에 들어갈 수 있다. 원칙적으로는 의미를 통해서 푸는 것이 가장 좋다. 하지만 우선 관사의 유무로 정답의 힌트를 찾을 수 있다. 사람명사라면 앞에 관사가 붙거나 명사에 ~s가 붙어있어야 한다. 즉, 사람명사는 단독적으로 나올 수 없다는 특징을 꼭 기억해두자.

사람명사	사물명사
accountant 회계사	accounting 회계
analyst 분석가	analysis 분석
applicant 지원자	application 지원
attendee 출석자	attendance 출석
applicant 지원자	application 지원서
consultant 상담가	consultation 상담
director 지시하는 사람	direction 지시
distributor 배급자	distribution 배분
founder 설립자	foundation 기초
manufacturer 제조업자	manufacture 제조

사람명사	사물명사
participant 참석자	participation 참석
representative 대표자, 직원	representation 대표
subscriber 구독자	subscription 구독
supervisor 감독자	supervision 감독
translator 번역가	translation 번역

■ '사람명사'는 단독적으로 쓰일 수 없다.

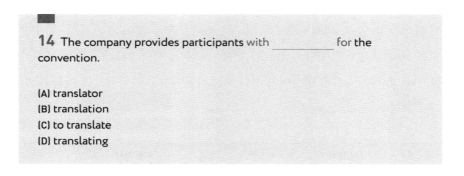

14 The company provides participants with _____ for the convention.

(A) translator
(B) translation
(C) to translate
(D) translating

빈칸 앞뒤로 전치사가 나왔기 때문에 빈칸은 명사자리이다. (A) translator와 (B) translation 정답 후보가 될 수 있다. 하지만 사람명사는 단독적으로 쓰이지 못한다. 명사 앞에 a나 뒤에 s를 붙여줘야 한다. 따라서 정답은 (B) translation이다. 해석 하나 없이 해결할 수 있는 문제이다. 이런 문제조차 시간을 낭비하면서 처음부터 해석적으로 접근하지 말자.

■ 사람명사와 사물명사를 해석적으로 구분할 수 있어야 한다.

15 Jenny Brown will contact the _____ that have been chosen for a interview.

(A) applications
(B) applicable
(C) applicants
(D) applying

빈칸 앞에 the가 왔기 때문에 밑줄은 명사 자리이다. (A) applications와 (C) applicants가 정답 후보가 될 수 있다. 이렇게 보기에 '사람명사'와 '사물명사'가 함께 있으면 둘 중 하나가 정답이 된다. 하지만 빈칸 앞에 the가 있거나 사람명사와 사물명사가 모두 복수 형태로 나온 경우에는 해석을 통해서 풀어야 한다. 해석상 '지원자들에게 연락하다'라는 의미가 적절하므로 사람명사 (C) applicants가 정답이다.

07 수량형용사, 명사의 단·복수에 민감하게 반응해라!

항상 단수명사만 수식하는 형용사가 있는 반면에 항상 복수명사만을 수식하는 형용사가 있다. 이렇게 어떤 형용사가 나왔을 때 뒤에 나오는 명사의 단·복수에 민감하게 반응해야 하는 '수'나 '양'의 개념을 갖는 형용사를 '수량형용사'라고 한다.

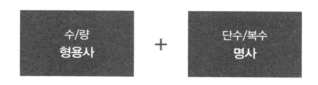

문법 문제를 풀 때 어떤 단어를 보자마자 뜻이 떠오르는 대신에, 그 단어에 대한 문법적인 내용이 빨리 떠올라서 정답을 골라야 하는 경우가 있다. 예를 들면 'every'는 우리나라 말로 '모든'이라는 뜻이다. 뜻 때문에 아마 '복수개념'이 먼저 떠오를 것이다. 하지만 각각 개별적인 것을 강조하는 단어이기 때문에 항상 뒤에 단수명사와 단수동사가 나와야 한다.

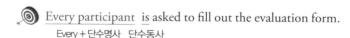

Every participant is asked to fill out the evaluation form.
Every + 단수명사   단수동사

'all'은 '모든'이라는 뜻으로 'every'와 같은 뜻인 것 같지만 상당히 다른 느낌의 단어이다. every는 무조건 단수명사를 꾸며 준다. 하지만 all은 다음에 어떤 명사가 오느냐에 따라서 결정된다. 셀 수 있는 명사가 오면 복수명사가 오고, 셀 수 없는 명사인 경우에는 단수명사가 온다. 하지만 토익에서 all은 대부분 셀 수 있는 복수명사가 나온다.

🎯 All participants are asked to fill out the evaluation form.
    All + 복수명사　복수동사

🎯 All luggage is stored in the overhead bins.
    All + 단수명사 단수동사

- 'Every' 다음엔 '단수명사'가 정답이다.

16 _____ vehicle must conform to pollution specifications.

(A) All
(B) Most
(C) Some
(D) Every

빈칸 뒤에 셀 수 있는 단수명사 vehicle이 나왔기 때문에 정답은 (D) Every이다.
every가 '모든'이라는 뜻과는 달리 뒤에는 단수명사만 나온다는 것에 주의하자.
some, most, all은 셀 수 없는 단수명사와 셀 수 있는 복수명사 모두 나올 수 있
는다. 하지만 토익 시험에서는 some, most, all 다음에 복수명사가 나오는 경우
를 집중적으로 출제하고 있다.

■ 'All' 다음엔 '복수명사'가 정답이다.

17 _____ customers **can receive a free beverage.**

(A) Each
(B) All
(C) Every
(D) Another

빈칸 뒤에 복수명사 customers가 나왔기 때문에 (B) All이 정답이다. Every, Each, Another는 뒤에는 셀 수 있는 '단수명사'가 나온다.

little과 a little 그리고 few와 a few의 차이점

a little과 little의 차이점이 무엇일까? 물병에 물이 있다고 가정해 보자. 어떤 긍정적인 사람은 '물이 조금 있다'라고 할 수 있을 것이고, 어떤 부정적인 사람은 '물이 거의 없다'라고 할 수 있을 것이다. 이렇게 똑같은 물의 양을 가지고도 어떤 사람은 '조금' a little이라고 하고, 어떤 사람은 '거의 없다' little라고 할 수 있다. a little과 little은 절대적인 개념이 아니라 상대적인 개념이다. 적확한 해석은 a little는 '소량의'라는 뜻이고, little은 '극소량의'라는 뜻이다. little이나 a little은 much의 반대말로 셀 수 없는 '단수명사' 앞에 쓰인다. 여기서 주의할 것은 little을 그냥 '거의 ~아니다'라는 부정어로 이해하면 독해하거나 듣기를 할 때 너무나 편할 것이다.

◎ I have a little water.
　나는 소량의 물을 가지고 있다. (나한테 물 조금 있어.)

◎ I have little water.
　나는 극소량의 물을 가지고 있다. (나한테 물 거의 없어.)

a few와 few의 관계는 a little과 little에서 살펴봤던 것처럼 똑같은 원리가 적용된다. a few는 '조금의'라는 뜻으로 긍정적인 의미를 가지고 있는 반면에 few는 '거의 ~아니다'라는 부정적인 의미를 포함하고 있다. 정확한 해석은 a few는 '소수의'라는 뜻이고, few은 '극소수의'라는 뜻이다. a가 하나 더 있을 뿐인데 의미는 완전히 다르다. 이렇게 a가 있고 없고의 차이가 대단히 큰 차이점을 만들어내고 있다.

◎ I have a few friends.
　나는 소수의 친구들을 가지고 있다. (난 약간의 친구가 있어.)

◎ I have few friends.
　나는 극소수의 친구들을 가지고 있다. (나는 거의 친구가 없다.)

여기서 중요한 점은 few는 개체에 대한 수를 나타내는 단어이다. 그러므로 few 다음엔 반드시 복수명사가 나와야 한다. 'a few friends'에서 복수명사 students 앞에 a가 있어서 이상하게 보일 수 있다. 앞에 관사 a가 있다고 뒤에 단수명사가 나온다고 착각을 하지말자. a few나 few는 many의 반대말로 셀 수 있는 '복수명사' 앞에 쓰인다. few와 a few를 보면 무조건 '복수명사'를 떠올리자!

■ a few 다음엔 '복수명사'가 나오고, a little 다음엔 '단수명사'가 나온다.

18 _____ minor malfunctions **may occur during the transition to** the new computing system.

(A) A few
(B) A little
(C) Most of
(D) Much

빈칸 다음에 '복수명사' minor malfunctions가 나왔기 때문에 (A) A few가 정답이다. (B) A little은 셀 수 없는 '단수명사' 뒤에 나와야 한다. (C) Most of가 정답이 되려면 'Most of the…'의 형태로 관사 the가 있어야 한다. (D) Much는 셀 수 없는 '단수명사'가 나와야 한다.

■ few와 little을 '거의 ~아니다'라는 뜻의 부정어로 이해하라.

19 The photography exhibit was crowded, but _____ people actually purchased prints.

(A) few
(B) little
(C) none
(D) plenty

빈칸 뒤에 복수명사 people이 나왔기 때문에 (A) few가 정답이다. (B) little은 셀 수 없는 단수명사와 함께 쓰인다. (C) none은 '아무도 ~않다'라는 뜻의 'no +

명사'가 합쳐진 말로, 명사 없이 단독적으로 혼자 쓰일 수 있는 부정대명사이다. (D) plenty가 정답이 되려면 전치사 of가 붙어 '많은' plenty of가 되어야 한다. 여기서는 few 다음의 해석이 중요하다. 「사진 전시회에 사람들로 붐볐다, 하지만 극소수의 사람들만 실제로 사진을 구매했다.」즉 '거의 사람들이 사진을 구매하지 않았다'는 부정어로 생각하면 독해할 때 매우 편리하다.

| 하나의 a
모든 every
각각의 each
또 다른 하나 another | 셀 수 있는
단수명사 |

each는 '각각'이라는 뜻으로 개별적인 것을 말할 때 쓰이는 단어이다. every와 비슷한 의미이지만 가장 큰 차이점은 each는 '형용사'로 명사 앞에 쓰일 수 있을 뿐만 아니라, '대명사'로 혼자 단독적으로 쓰일 수 있다는 것이다. 하지만 every 는 뒤에 명사 없이는 절대로 쓰이지 못한다. 즉, every는 형용사로만 쓰인다.

◎ Each country has its own customs.
  형용사 단수명사

◎ Each has its own customs.
  대명사 단수동사

◎ Each of the employees will receive a bonus.
  대명사   복수명사

◎ Every of the employees will receive a bonus. (틀린 문장)

■ Each 다음엔 '단수명사'가 나온다.

20 _____ workshop participant **should complete a registration** form and return it.

(A) Several
(B) Each
(C) Both
(D) All

빈칸 뒤에 셀 수 있는 단수명사 workshop participant가 나왔기 때문에 (B) Each 가 정답이다.

■ 'Each of the 복수명사'는 뒤에 '단수동사'가 나온다.

21 _____ of the candidates has **strengths in specific areas of** management.

(A) Most
(B) All
(C) Each
(D) Every

(D) Every는 형용사로만 쓰이기 때문에 무조건 오답이다. 'Every of the + 복수 명사'의 형태가 될 수 없다. 해석상 (A) Most와 (B) All도 가능 할 것 같다. 하지 만 뒤에 단수동사 has가 나왔기 때문에 오답이다. 이 부분은 부정대명사에서 자세하게 다룰 예정이다. 정답은 (C) Each이다.

셀 수 있는 '복수명사'만을 수식하는 수량형용사

다양한 various, a variety of
많은 many
수많은 numerous, a number of
여러 several
소수의 few, a few, fewer
둘 다 모두 both

복수명사

■ 'a few' 다음엔 복수명사가 나온다.

22 _____ malfunctions may occur during the transition to the new computing system.

(A) A little
(B) Each
(C) Much
(D) A few

빈칸 뒤에 셀 수 있는 복수명사 malfunctions가 나왔기 때문에 (A) A little이나 (C) much는 오답이다. (B) Each는 셀 수 있는 단수명사가 나와야 하기 때문에 오답이다. 정답은 (D) A few이다. 'few'는 a가 있건 말건 무조건 '복수개념'만을 떠올리자.

■ 'many' 다음엔 복수명사가 나온다.

23 There are many new _____ to coping with the rising cost of production.

(A) approach
(B) approaches
(C) approaching
(D) approached

수량형용사 many 다음엔 셀 수 있는 복수명사 (B) approaches가 정답이다.

■ 'various' 다음엔 복수명사가 나온다.

24 With growing interest in customer service, several workshops are held in _____ places.

(A) various
(B) variety
(C) variably
(D) variation

명사 places가 있기 때문에 빈칸은 형용사 자리이다. 보기 중에 형용사는 (A) various밖에 없기 때문에 정답이 된다. various 다음엔 항상 셀 수 있는 복수명사가 나온다는 것을 꼭 기억하자.

■ 'a variety of' 다음엔 복수명사가 나온다.

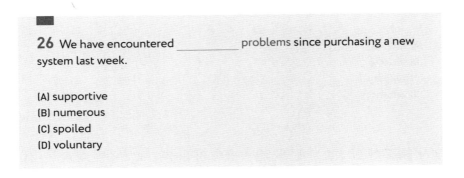

25 ABC Company has distributed a variety _____ kitchen utensils to local retail shops.

(A) across
(B) into
(C) of
(D) in

정답은 (C) of이다. 다양한 'a variety of' 표현을 알고 있다면 쉽게 정답을 맞힐 수 있었을 것이다. 'a variety of'는 앞에 a가 있어도 뒤에 항상 셀 수 있는 복수명사가 나온다는 것을 기억하자.

■ 'numerous' 다음엔 복수명사가 나온다.

26 We have encountered _____ problems since purchasing a new system last week.

(A) supportive
(B) numerous
(C) spoiled
(D) voluntary

위의 문제는 어휘 문제이다. 하지만 빈칸 뒤에 복수명사 problems와 어울리는 형용사는 numerous이다. 정확히 해석이 되지 않을지라도 수량형용사의 특징을 알고 있다면 해석하지 않고도 맞힐 수 있는 문제이다. 따라서 정답은 (B) numerous이다.

**셀 수 없는 '단수명사'만을
수식하는 수량형용사**

많은 much 많은 a great deal of 많은 a large amount of 소량의 little, a little 더 적은 less	셀 수 없는 **단수명사**

many와 much를 반대말로 오해하는 사람들이 간혹 있는데, 이 두 단어는 반대 개념이 아니라 똑같이 '많은'이라는 의미이다. 단 최종적으로 꾸며 주는 명사가 단수인지, 복수인지에 차이점이 있다. many는 셀 수 있는 복수명사 앞에서 '수가 많은'이라는 뜻으로 쓰이고, much는 셀 수 없는 단수명사 앞에서 '양이 많은'이라는 뜻으로 쓰인다.

■ much 다음엔 셀 수 없는 '단수명사'가 나온다.

27 Our search for an Assistant Director has been met with much _____.

(A) interested
(B) interest
(C) interests
(D) interesting

빈칸 앞에 much가 있기 때문에 셀 수 없는 단수명사 (B) interest가 정답이다.

■ many 다음엔 셀 수 있는 '복수명사'가 나온다.

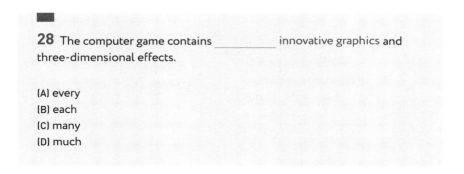

28 The computer game contains _____ innovative graphics and three-dimensional effects.

(A) every
(B) each
(C) many
(D) much

빈칸 뒤에 복수명사 innovative graphics가 왔기 때문에 (C) many가 정답이다.

'단수명사 & 복수명사'를 모두 수식하는 수량형용사

많은 a lot of, lots of, plenty of	
모든 all	
대부분 most	**복수명사**
몇몇의, 약간 some, any	**단수명사**
충분한 enough	
다른 other	

Some이 도대체 무슨 뜻이죠?

부정확한 '수'나 대략적인 '양'을 의미하거나 '특정하지 않은 대상'을 지칭하는 some은 뒤에 어떤 명사가 오느냐에 따라서 여러 가지 의미로 해석될 수 있다.

⊚ Some <u>bad guy</u> has taken my notebook away. (어떤 못된 녀석)
　　셀 수 있는 단수명사

⊚ Some <u>employees</u> have complained about it. (몇몇 직원들)
　　셀 수 있는 복수명사

⊚ There will be some <u>delay</u> in processing your order. (약간의 지연)
　　셀 수 없는 단수명사

■ enough는 '충분한, 충분히' 형용사와 부사가 동시에 된다.

29 According to the schedule, our visitors will have _____ time to take the guided tour of the museum.

(A) enough
(B) plenty
(C) a lot
(D) many

빈칸 뒤에 셀 수 없는 단수명사 time이 있다. (B) plenty와 (C) a lot은 전치사 of 가 붙어야 정답이 될 수 있고, (D) many는 much라고 해야 정답이 될 수 있다. 따라서 (A) enough가 정답이다.

■ some, most, all은 뒤에 단수명사와 복수명사 모두 나올 수 있다.

30 The shipping charge applies only to _____ products on our online store.

(A) some
(B) any
(C) much
(D) every

빈칸 뒤에 복수명사 products가 나왔기 때문에 셀 수 없는 단수명사와 쓰이는 (C) much는 오답이다. 또한 셀 수 있는 단수명사와 어울리는 (D) every도 오답 이다. some과 any가 정답 후보가 될 수 있는데다. (B) any는 주로 부정문과 의

문문에 쓰이기 때문에 오답이다. 따라서 (A) some이 정답이다.

■ any는 부정문, 의문문, 조건문에 주로 쓰인다.

31 It was a great pity that he did not have _____ qualms about having been a two timer.

(A) the
(B) a
(C) any
(D) some

any도 쓰이는 상황이 약간 다를 뿐이지 의미에 있어서는 some과 크게 다르지 않다. 차이점은 some은 주로 긍정문에 쓰이고, any는 부정문, 의문문, 조건문에 주로 사용된다. 출제 핵심 포인트는 some과 any 구별 문제에서 빈칸 앞에 부정문 not이 있다면 (C) any가 정답이다.

many, much, all, most, some, any, several, each, both, few 같은 수나 양과 관련된 대부분의 수량형용사들이 대명사로 쓰이기 때문에 헷갈려하는 경향이 있다. 하지만 형용사로 쓰였는지, 대명사로 쓰였는지는 쉽게 구분할 수 있다. 형용사로 쓰일 경우엔 뒤에 명사가 나오고, 대명사로 쓰일 경우에는 단독적으로 쓰이거나 부분을 의미하는 단어들이기 때문에 전치사 of와 결합해서 쓰이게 된다.

32 Although _____ was discussed at the meeting, the managers were unable to reach any conclusions.

(A) many
(B) few
(C) several
(D) much

(A) many, (B) few, (C) several은 뒤에 '복수동사'가 나와야 한다. 하지만 빈칸 뒤에 단수동사 was가 나왔기 때문에 (D) much가 정답이 된다. 위의 문제는 해석적으로 풀리지 않는다. 단수와 복수에 민감하게 반응해서 문제가 원하는 포인트를 빨리 파악한다면 이렇게 해석 하나 없이 문제를 해결할 수 있다. 제발 이런 문제조차 절대 해석해서 풀지 말자!

부분을 나타내는 표현이 주어로 쓰이는 경우

---

① ② ③ ④ ⑤

<u>One</u> <u>of</u> <u>the</u> <u>employees</u> <u>was</u> late for a meeting.
단수주어 　　　　복수명사 단수동사

한 명 (어떤?) 그 직원들 중에서 한 명이 늦었다, 한 회의에.

---

① one은 '하나'라는 뜻에서 '한 명'이라는 의미로 파생된다.

② 전치사 of 뒤에 복수명사가 나오면 '~중에서'라고 해석된다.

③ 한정된 명사 앞에는 소유격이나 정관사 the를 꼭 써 줘야 한다.

④ '~들 중의 하나'라는 의미이기 때문에 '복수명사'가 나와야 한다.

⑤ 단수주어 One이 나왔기 때문에 단수동사 was를 써야 한다.

■ **One of the 뒤에는 '복수명사'가 나온다.**

33 One of the _____ of local governments is to provide citizens with reliable information.

(A) responsible
(B) responsibly
(C) responsibility
(D) responsibilities

One of the 다음엔 '복수명사'가 나와야 하므로 (D) responsibilities가 정답이다.

■ 'One of the 복수명사' 다음엔 '단수동사'가 나온다.

34 One of the responsibilities of the shareholders _____ to elect the executives of the corporation.

(A) is
(B) are
(C) have
(D) having

주어가 One이기 때문에 단수동사 (A) is가 정답이다. 복수명사 responsibilities 나 shareholders에 속아서 (B) are나 (C) have를 고르는 실수를 하지 말자!

---

① Each

           of the   복수명사   단수동사
           ③   ④   ⑤

② ~~Every~~

---

① Each는 형용사와 대명사 모두 쓰인다.

② Every는 형용사로만 쓰인다. Every of the 복수명사는 틀린 표현이다.

③ of the가 생략된다면 each, every는 단수명사가 나와야한다.

④ '~들 중에 각각'라는 의미이기 때문에 'of the 복수명사'가 나와야 한다.

⑤ Each가 단수주어이기 때문에 단수동사를 써야한다. 동사 앞의 복수명사에 속지 말자!

◎ Each of the candidates has strengths in specific areas.
　　대명사　　　　복수명사　　단수동사

◎ Each participant must be prepared to present identification.
　　형용사　　단수명사

◎ Every participant is asked to fill out the evaluation form.
　　형용사　　　단수명사 단수동사

■ 'Each of the + 복수명사' 다음엔 '단수동사'가 나온다.

35 Flight attendants have to ensure that ＿＿＿＿＿ of the passengers is properly seated.

(A) every
(B) all
(C) much
(D) each

(A) every는 형용사로만 쓰이기 때문에 'every of the passengers'는 없는 표현이다. (B) 'all of the passengers'는 가능하지만 뒤에 복수동사가 나와야 한다. 단수동사 is가 나왔으므로 오답이다. (C) much는 셀 수 없는 단수명사가 나와야 한다. 복수명사 passengers가 나왔으므로 오답이다. (D) 'each of the passengers' 다음에 단수명사 is가 나왔다. 따라서 (D) each가 정답이다.

All Most Half Some Any	of the	① 셀 수 있는 복수명사 → **복수동사** ② 셀 수 없는 단수명사 → **단수동사**	

all, most, half, some, any는 뒤에 셀 수 있는 복수명사가 나올 수도 있고, 셀 수 없는 단수명사가 나올 수도 있다. 복수명사가 나오느냐 아니면 단수명사가 나오느냐에 따라서 동사의 복수와 단수의 여부가 결정된다. 하지만 토익에서는 복수명사가 나오는 것을 집중적으로 출제하고 있다.

① Most of the computers (in the office) were replaced recently.
　　　복수명사　　　　　　　　　　　복수동사

② Most of the production (at the ABC plant) is sold to the domestic market.
　　　단수명사　　　　　　　　　　　단수동사

①번 문장은 Most of the 다음에 셀 수 있는 '복수명사' computers가 나왔기 때문에 '복수동사' were가 나온 것이다. 수식어 in the office에 속지 말자.

②번 문장은 Most of the 다음에 셀 수 없는 '단수명사' production이 나왔기 때문에 '단수동사' is를 쓴 것이다.

■ 'Most of the 복수명사' 다음엔 '복수동사'가 나온다.

36 Most of the computers in the shipment _____ faulty parts and cannot be used.

(A) is
(B) was
(C) has
(D) have

수식어 in the shipment의 함정에 속지 말자. 'Most of the 복수명사' 형태의 주어이기 때문에 복수동사 (D) have가 정답이다. 동사에 's'가 붙은 is, was, has는 모두 단수동사이다.

■ 'All of the 복수명사' 다음엔 '복수동사'가 나온다.

37 _____ of the employees have to finish their work by 6 PM.

(A) All
(B) Each
(C) Much
(D) Someone

빈칸 뒤에 'of the 복수명사'의 형태가 나왔으므로 부정대명사가 나올 수 있다. 대명사로 쓰일 수 없는 (D) Someone은 오답이다. 뒤에 복수명사 employees가 나왔기 때문에 셀 수 없는 단수명사와 어울리는 (C) Much도 오답이다. (A) All 과 (B) Each가 정답 후보가 될 수 있는데, 복수동사 have가 나왔기 때문에 정답은 (A) All이 된다.

9

전치사
'이미지 공식'

기껏해야 전치사는 30개 정도 밖에 없다. 그런데 왜 우리는 전치사를 별로 중요하게 생각하지 않는 걸까? 전치사는 영어에 절반에 해당할 만큼 너무 중요하다. 이 전치사들을 얼마나 자연스럽게 잘 처리하면서, 속도감 있게 넘어가느냐에 따라 영어실력이 판가름 날 정도이기 때문이다. 지금부터라도 전치사를 대하는 관점을 완전히 바꿔야 한다.

토익문법에서 가장 중요한 부분은 '전치사와 접속사'이다. 매달 토익시험에서 상당 부분의 문제가 항상 같은 원리로 반복되어 출제된다. 내일 당장 토익시험을 본다면 전치사와 접속사 부분을 우선 먼저 공부해야 한다. 전치사를 제대로 공부한다는 것은 단순히 토익시험을 잘 보는 것뿐만 아니라, 정확하게 독해하고 정확하게 듣기를 위한 가장 기본적이면서 핵심적인 부분이기 때문이다.

01	for	마음속에 뭔가를 염두에 두는 for
02	with	함께 같이 있거나, 가지고 있는 with
03	by	옆에 있는, ～의해서 by
04	beside	옆에 있는 beside
05	next to	옆쪽에 있는 next to
06	near	근처에 있는 near
07	in	장소나, 공간의 범위 안에 있는 in
08	in front of	앞에 있는 in front of
09	behind	뒤에 있는 behind

10	to	이동해서 부착하는 to
11	toward	이동해 가는 toward
12	from	출발점이나, 출처를 의미하는 from
13	into	안으로 들어가서, 변화하는 into
14	out of	밖으로 나가는 out of
15	above	저 위에 있는 above
16	against	서로 맞서 있거나, 맞대어 기대어 있는 against
17	across	맞은편으로 가로지르는 across
18	around	둘러싸서 주변에 있는 around
19	on	접촉해 있고, 계속 진행해 가는 on
20	off	분리되어 떨어져 나가는 off
21	over	위에 있거나, 훌쩍 넘어가는 over
22	between	양쪽 사이에 있는 between
23	among	여럿 사이에 있는 among
24	away	멀어져서 사라지는 away
25	at	한 지점이나, 시점에 콕 붙어 있는 at
26	up	위로 올라가고, 동작이 끝까지 완전히 up
27	down	아래로 내려가는 down
28	outside	밖에 있는 outside
29	under	아래에 있는 under
30	along	쭉 따라가는 along
31	through	관통하는 through

■ 이동, 도달, 부착의 전치사 to

01 Please fill out the application form and submit it _____ the personnel department.

(A) for
(B) to
(C) at
(D) in

신청서를 인사과로 제출하다 'submit A to B' 정답은 (B) to이다.

■ 관통, 수단의 전치사 through

02 All visitors to this facility should enter _____ the main reception area.

(A) during
(B) between
(C) among
(D) through

'메인 접수 구역을 통해'라는 의미가 되어야 하므로 (D) through가 정답이다. 전치사 through는 go, run, enter와 같은 동사들과 잘 어울린다.

■ '~를 따라서' 전치사 along

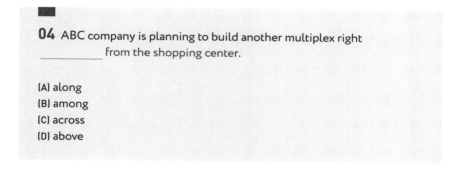

03 I have plans to spend my holidays in Florida rather than somewhere _____ the beach.

(A) into
(B) among
(C) without
(D) along

along the beach '해변을 따라' 덩어리 표현을 암기하자. (D) along이 정답이다.

■ '~를 가로질러' 전치사 across

04 ABC company is planning to build another multiplex right _____ from the shopping center.

(A) along
(B) among
(C) across
(D) above

across from the shopping center '쇼핑센터 맞은편에' 정답은 (C) across이다.

■ between은 and와 잘 어울린다.

05 The employee break room on the third floor will be closed
everyday _____ 2:00 and 3:00 P.M for clearing.

(A) from
(B) between
(C) into
(D) among

빈칸 뒤에 and가 보인다. 정답은 (B) between이다.

■ among 다음엔 '복수명사'가 나온다.

06 ABC Company began publishing company newsletters to facilitate
communication _____ its staff members.

(A) past
(B) under
(C) behind
(D) among

빈칸 뒤에 복수명사 staff members가 나왔다. 정답은 (D) among이다.

■ '근처' 전치사 near, by, next to, beside, around

07 Since the bookstore is located _____ the university, it attracts
many students.

(A) without
(B) near
(C) down
(D) to

「서점이 대학교 근처에 위치해 있기 때문에 많은 학생들을 끈다.」라는 내용이
기 때문에 (B) near가 정답이다.

전치사는 '이미지'와 함께 외우자

전치사를 그냥 단순히 '전치사 → 한국말' 즉, 'on → 위에' 식으로 무작정 기계적으로 암기하지 말자. 전치사를 공부하는 효율적인 방법은 많은 뜻 중에서 가장 핵심적인 중심 이미지를 뽑아 그림과 함께 기억 하고 있는 것이다.

08 Ms Song _____ a committee to organize the company event.

(A) set up
(B) put off
(C) stopped at
(D) turned away

set은 '정해진 곳에 놓다'라는 뜻이다. 예를 들어 'set the table' 하면 칼이나 포크, 접시 등을 테이블의 정해진 위치에 놓는 장면을 떠올리면 된다. up은 '위로'라는 뜻에서 '완전히'라는 뜻으로 의미가 파생된다. 물 컵에 물을 따를 때 위로 올라가다가 완전히 꽉 차는 모습을 연상하면 쉽게 이해할 수 있을 것이다. 예를 들어 'open up the door' 하면 문을 위로 여는 것이 아니라 '완전히 문을 여는 모습'을 연상하자.

전치사가 어렵게 느껴지는 이유는 시간과 공간의 구체적인 개념에서 추상적인 의미로 발전되기 때문이다. 전치사는 하나의 중심 의미에서 뒤에 나오는 대상에 따라 의미가 확대 적용되고, 더 나아가 추상화되기 때문에 여러 가지 뜻으로 파생된다. set up은 '세우다 → 설치하다 → 설립하다'라는 뜻으로 의미가 확장된다. 따라서 'set up a committee, 위원회를 설립하다' 정답은 (A) set up이다.

03 전치사 문제를 푸는 2가지 방식

덩어리 표현 찾아내기	해석과 이미지 떠올리기
⇩	⇩
재빨리 빈칸 뒤의 명사와 앞의 동사를 확인한다.	이미지를 떠올려 가면서 정확하게 해석한다.

전치사 문제를 푸는 방식은 두 가지가 있다. 첫 번째는 빈칸을 중심으로 앞의 동사나 뒤의 명사를 보고, 즉 해석하지 않고 빈칸 앞뒤만 보고 풀어낼 수 있는 문제가 있다. 두 번째는 정확한 해석뿐만 아니라 그 전치사의 중심 이미지나 차이점까지 정확히 알아야 풀 수 있는 문제가 있다.

■ 빈칸 앞뒤의 어울리는 덩어리 표현을 보고 전치사를 맞히는 문제

09 Mr. Lee is _____ charge of the marketing department.

(A) at
(B) on
(C) in
(D) for

빈칸 뒤에 명사 charge가 있다. '책임지고 있는'에 해당하는 덩어리 표현은 'in charge of' 또는 'responsible for'가 있다. 이렇게 토익에 자주 출제되는 전치사

덩어리 표현을 최대한 많이 익혀 두자. 정답은 (C) in이다.

■ 정확한 해석과 이미지를 그리며 전치사를 맞히는 문제

10 Clients may hang their coats in the closet _____ the vending machine.

(A) between
(B) into
(C) near
(D) until

빈칸 앞의 '옷장' the closet과 빈칸 뒤의 '자판기' the vending machine의 관계를 잘 살펴보자. 「고객들은 자판기 옆 근처에 있는 옷장에 코트를 걸 수 있다.」라 는 내용이기 때문에 '근처' 전치사 (C) near가 정답이다.

'전치사 + 명사 = 전치사구'를 한 덩어리로 외우자

'전치사(前置詞)'는 '앞에 놓이는 말'이라는 뜻이다. 그럼 뭐 앞에 놓이는 것일까? 그건 바로 '명사' 앞에 위치해서 명사를 연결시켜 주는 '연결고리'와 같은 역할을 하는 것이 전치사이다. 꼭 기억해야할 것은 전치사 다음엔 반드시 명사가 온다는 사실이다.

'전치사 + 명사'의 형태를 문법 용어로는 전치사로 시작하고 두 단어 이상이기 때문에 '전치사구' 또는 '전명구'라고 한다. 여기서 '구'라는 개념은 단어와 단어들이 일정한 원칙을 가지고 배열된 단어들이 모임, 즉 '단어의 덩어리'라고 생각하면 된다. '전치사구'는 영어 문장에서 엄청나게 많이 쓰이고, 영어 문장을 길게 만드는데 있어서 정말로 엄청난 파워를 가지고 있다.

전치사구의 두 가지 쓰임

① 전치사구가 '형용사' 역할을 하는 경우

The man in the room dropped a wallet.
→ '그 방에 있는 그 남자'라는 뜻으로 앞의 명사를 꾸며 주는 '형용사 역할'을 하고 있다.

② 전치사구가 '부사' 역할을 하는 경우

I put the book on the desk.
→ '그 책상 위에'라는 뜻으로 동사를 꾸며 주는 '부사 역할'을 하고 있다.

'전치사구'라고 하는 것은 더 이상 명사 역할을 하지 못하고 수식어 역할을 한다. 만약 전치사구가 앞에 있는 명사를 꾸며 주게 되면 형용사 역할을 하게 되는 것이고, 동사를 꾸며 주게 되면 부사 역할을 하게 된다. 똑같이 생긴 모양의 '전치사구'가 명사를 꾸며 주는 말인지, 아니면 동사를 꾸며 주는 말인지는 해석을 통해서 판단할 수 있다.

'전치사구'가 많이 들어가 있는 문장

I wanted to talk to you about the group of employees that will be visiting us
　　　　　　　　①　　②　　③

from our office in Manchester from Monday to Friday.
④　　⑤　　⑥　　⑦

저는 얘기하고 싶었어요, 당신에게, 그 그룹에 대해서, 직원들의, 우리를 방문할 예정인,
　　　　　　①　　②　　③
우리의 사무실에서, 맨체스터에 있는, 월요일부터, 금요일까지.
④　　⑤　　⑥　　⑦

위의 문장은 '전치사구'를 이용해 문장이 얼마나 길어질 수 있는지를 잘 보여주고 있다. 영어를 잘하기 위한 핵심 중에 핵심은 전치사를 잘 이해하는 것이다. 말을 길게 만들어 주는 연결고리인 전치사와 뒤에 나오는 명사를 얼마나 빠른 속도로 처리하면서 잘 이해하고 넘어갈 수 있느냐가 독해의 키포인트이다.

■ '추후 공지가 있을 때까지' until further notice 덩어리 표현을 암기하자.

11 Due to the financial problems, the museum's reopening will be postponed _____ further notice.

(A) since
(B) until
(C) for
(D) during

빈칸 앞에 동사 postpone이 있고 뒤에는 명사 further notice가 있다. until은 '연기시키다'의 의미인 postpone과 잘 어울릴 뿐만 아니라 '추후 통보가 있을 때까지'라는 전치사 덩어리 표현 'until further notice'을 외워 두자. 따라서 정답은 (B) until이다.

12 Because of the snowfall, Incheon International Airport will be closed until further _____.

(A) attention
(B) opinion
(C) status
(D) notice

어휘 문제이긴 하지만 위의 문제도 전치사구 'until further notice'라는 표현을 미리 알고 있었다면, 전체를 해석하지 않고 바로 정답 (D) notice를 쉽게 골라낼 수 있었을 것이다.

'장소 & 시간' 모두 쓰이는 전치사 at, on, in

◎ at 12:30 12시 30분에
◎ on Saturday 토요일에
◎ on May 20 오월 20일에
◎ in August 8월에

◎ at the bus stop 그 정류장에
◎ on the table 그 탁자 위에
◎ in the city 그 도시에

■ 정확한 '시점'이나 '지점'이 나오면 'at'이 정답이다.

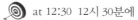

13 The meeting about new marketing strategies will be held
_____ 10 A.M.

(A) to
(B) on
(C) at
(D) for

빈칸 뒤에 정확한 '시점' 10 A.M.이 나왔기 때문에 (C) at이 정답이다.

14 The board meetings will be held every Monday _____ the main office instead of every Tuesday.

(A) at
(B) under
(C) along
(D) of

빈칸 뒤에 '지점' the main office가 나왔기 때문에 (A) at이 정답이다.

■ '요일'이나 '날짜'가 나오면 'on'이 정답이다.

15 Mr. Lee and Ms Lee will be visiting our offices _____ Monday to meet the marketing team.

(A) in
(B) on
(C) to
(D) at

빈칸 뒤에 '요일' Monday가 나왔기 때문에 (B) on이 정답이다.

16 Mr. Lee and Ms Kim will be visiting our offices _____ May 20 to meet the marketing team.

(A) in
(B) on
(C) to
(D) at

'5월' May만 있으면 (A) in이 정답이다. 하지만 정확한 '날짜' May 20가 나왔기 때문에 (B) on이 정답이다.

■ '공간'이나 '긴 시간'이 나오면 'in'이 정답이다.

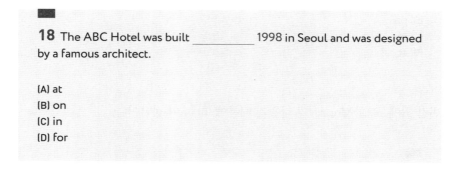

17 Please leave your keys _____ the drawer at the front desk.

(A) beyond
(B) to
(C) off
(D) in

'열쇠를 서랍 안에 나 두다'라는 의미이기 때문에 '공간'의 전치사 (D) in이 정답이다.

18 The ABC Hotel was built _____ 1998 in Seoul and was designed by a famous architect.

(A) at
(B) on
(C) in
(D) for

빈칸 뒤에 '달, 계절, 연도'와 같이 범위가 큰 시간이 나오면 (C) in이 정답이다.

06 전치사 for의 개념 정리

전치사 for의 이미지 스토리

연인을 **위해서** 오랫동안 **마음속에 염두**에 두었던 선물을 사려고
서울로 **향해서** 2시간 **동안** 갔다가
이것저것을 **비교**해 본 후 10만 원을 건네주고 물건을 샀다.

전치사 for는 뒤에 나오는 명사가 무엇인가에 따라서 '기간, 목적, 이유, 용도, 대상' 등을 나타낼 때 쓰이고, 여러 가지 의미로 해석될 수 있다. 전치사가 어렵게 느껴지는 이유는 그 전치사가 시간과 공간의 물리적인 개념에서 추상적인 의미로 발전되기 때문이다. 전치사는 하나의 중심 의미에서 뒤에 나오는 대상에 따라 의미가 확대 적용되고 더 나아가 추상화되기 때문에 여러 가지 뜻으로 파생된다.

공간의 개념이 나오는 경우

어떤 장소를 마음에 두고 가면 '어디를 향해서'

 This train is for Busan.
이 열차는 부산행입니다.

어떤 사람을 마음에 두고 행동을 하면 '누구를 위해서'

 I bought this present for you.
저는 이 선물을 샀어요, 당신을 위해서.

어떤 물건을 마음에 두고 교환하면 '얼마에'

 I bought a computer for 900,000 won.
전 컴퓨터를 샀어요, 90만 원에.

19 The front seats in the theater are reserved _____ special guests.

(A) from
(B) for
(C) onto
(D) off

제일 앞쪽 자리는 특별 손님들만을 위한 좌석이라는 의미이기 때문에 '~를 위한' 이리고 해석되는 전치사 (B) for가 정답이다.

시간의 개념이 나오는 경우

어떤 시간을 마음에 두고 행동하면 '~동안에'

 I have been waiting here for 3 hours.
저는 기다리고 있는 중이에요, 3시간 동안.

20 ABC Mart has been doing business with several local suppliers _____ over a decade.

(A) in
(B) for
(C) up
(D) from

동사의 시제가 현재완료 has been이 쓰였고, 뒤에 기간 명사 a decade가 나왔다. '~동안' 전치사 (B) for가 정답이다.

추상적인 개념이 나오는 경우

추상적인 개념을 마음에 두고 행동하면 '(목적) ~위해서'

🎯 You can call us for more information.
　저희에게 연락하세요, 더 많은 정보를 위해

추상적인 개념을 마음에 두고 행동하면 '(이유) ~때문에'

🎯 He spent 15 years in prison for murder.
　그는 감옥에서 15년간 보냈다, 살인죄 때문에.

---

21 _____ your convenience, our clinic is open 7 days a week.

(A) About
(B) By
(C) For
(D) Of

'귀하의 편의를 위해서' for your convenience 목적의 전치사 (C) for가 정답이다.

전치사 by의 3가지 뜻

전치사 by는 '~에 의해서'라는 기본 개념에서 공간적인 개념과 시간적인 개념으로 의미가 파생된다. 공간적인 개념은 '영향력이 미칠 만큼 매우 가까이에 있는 상태'에서 '~옆에'라는 의미가 생기게 된 것이고, 시간적인 개념은 '그 시간보다 늦지 않게 어떤 행동이 가장 가까운 옆에 있는 상태'에서 '~까지'라는 뜻으로 그 시간 전에 무엇을 마치거나 제출해야 한다고 할 때 많이 사용된다.

수동태와 함께 쓰이면 '~에 의해서'

◎ A man was killed by a lion.
　　한 남자가 죽었다, 사자에 의해서.

장소나 물건이 나오면 '~옆에'

◎ A man is standing by a bicycle.
　　한 남자가 서 있다, 자전거 옆에.

시간 명사가 나오면 '~까지'

◎ You must come back by 7 o'clock.
　　너는 반드시 돌아와야 한다, 7시까지.

■ by가 '수동태'와 쓰이면 '~의해서'라는 뜻이다.

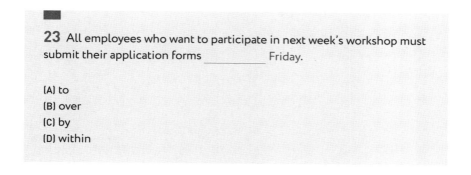

22 Our new marketing team will be led _____ a experienced director.

(A) of
(B) by
(C) to
(D) on

빈칸 앞에 수동태 will be led가 나왔고, 뒤에는 사람명사 director가 나왔다. 따라서 '~ 의해서' 전치사 (B) by가 정답이다.

■ by 다음에 '시간명사'가 나오면 '~까지'라는 뜻이다.

23 All employees who want to participate in next week's workshop must submit their application forms _____ Friday.

(A) to
(B) over
(C) by
(D) within

빈칸 앞에 '제출하다' submit 동사가 나왔고, 뒤에는 시간 명사 Friday가 나왔기 때문에 '~까지' 전치사 (C) by가 정답이다.

■ by 다음에 '～ing'가 나오면 '～함으로써'라는 뜻이다.

24 You can save up to 50 percent _____ subscribing to Travel Magazine before the end of this month.

(A) at
(B) as
(C) by
(D) in

빈칸 뒤에 동명사 subscribing이 나왔다. '～함으로써'라는 의미가 되어야 하기 때문에 (C) by가 정답이다.

08 '시점'과 '기간'을 구분하자

시간 전치사에서 꼭 알아 두어야 할 개념이 '시점'과 '기간'을 구분하는 것이다. 우리말에서는 시점과 기간을 정확하게 구분해서 쓰지 않는다. 따라서 혼동하지 말고 정확하게 개념을 이해하자. '시점'은 3시, 금요일, 5월 등으로 콕 집은 특정한 시간을 의미한다. '기간'은 3시간, 일주일, 10개월, 20년 식으로 어느 특정 시점부터 시점까지 시간의 흐름이 느껴지는 경우를 의미한다.

'시점' 전치사	until 까지, by 까지, before(=prior to) 전에, after(=following) 후에
'기간' 전치사	for 동안, during 동안, within 이내에, throughout 걸쳐서

■ since 다음은 '과거시점'이 나와야 한다.

25 The number of car accidents has dropped substantially since the
speed limit _____ implemented.

(A) was
(B) been
(C) to be
(D) will be

전치사와 접속사 모두 쓰이는 '~이래로'라는 뜻의 since는 뒤에 정확한 '과거 시점'이 나와야 한다. 빈칸 앞 동사의 시제가 현재완료 has dropped가 나왔고, since 다음엔 과거동사를 써야하기 때문에 (A) was가 정답이다.

■ '~동안' for는 '기간' 전치사이다.

26 Ms Wong has served as the vice president of ABC Mart _____ the past ten years.

(A) from
(B) up
(C) since
(D) for

빈칸은 since와 for를 구별하는 문제이다. 여러 뜻 중에서 for가 '~동안'의 의미로 쓰일 경우 '기간' 전치사이기 때문에 뒤에 숫자를 포함한 기간 명사가 나와야 한다. 동사의 시제가 현재완료 has served가 쓰였고, 빈칸 뒤에 숫자를 포함한 기간 명사 the past ten years가 나왔다. 따라서 (D) for가 정답이다.

전치사 by와 until 구별하기

전치사 by는 '~ 의해서, ~ 옆에, ~까지' 등의 여러 가지 뜻을 가지고 있다. 하지만 전치사와 접속사로 동시에 쓰이는 until은 '~까지'라는 뜻밖에 없다. 이렇게 의미는 똑같은데 쓰임이 다른 단어가 보기 중에 있다면 둘 중 하나가 정답일 가능성이 많다.

finish submit return receive 끝내다 제출하다 돌려주다 받다	**완료동사 → by [바이]** 한 번 하면 더 이상 하지 않아도 되는 상황
postpone last wait stay 연기하다 지속되다 기다리다 머물다	**지속동사 → until [언티~일]** 계속해서 하고 있어야 하는 상황

우리나라 말로 '~까지'는 by와 until로 표현할 수 있다. 하지만 이 두 단어의 결정적인 차이점은 '쭉~'이라는 말에 달려 있다. by는 그냥 '~까지'라는 뜻이다. 예를 들어 by Friday는 금요일 이전에 또는 늦어도 금요일까지 어떤 동작을 한 번 하고 완료된다는 것을 의미한다. 하지만 until은 '~까지 쭉'이다. 예를 들어 until 7 o'clock은 계속해서 어떤 상태가 쭉~ 지속되다가 7시에 끝난다는 뜻으로 계속되는 상태를 강조한다.

■ 1회적 행동의 완료를 의미하면 'by'가 정답이다.

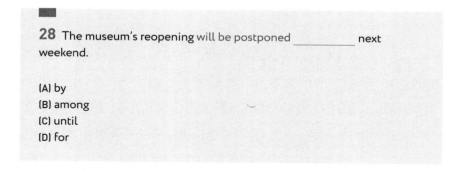

27 We must submit the revised report _____ the end of this week.

(A) by
(B) until
(C) for
(D) since

빈칸 뒤에 시점 명사 the end of this week가 나왔고, 빈칸 앞에는 동사 submit 가 나왔다. '~까지'라는 기한을 나타내는 전치사가 들어가야 하므로 (A) by가 정답이다.

■ 부정어 not이나 postpone이 보이면 'until'이 정답이다.

28 The museum's reopening will be postponed _____ next weekend.

(A) by
(B) among
(C) until
(D) for

'~까지' 전치사 by와 until이 동시에 보기에 등장했다. 다음 주말까지 will be postponed '쭉~' 연기되는 것이기 때문에 정답은 (C) until이다.

전치사 for와 during 구별하기

for 숫자 시간 명사	for 3 years 3년 동안
during 특정 기간 명사	during my vacation 휴가 동안

전치사 for와 during은 모두 '~동안'이라고 해석된다. 차이점은 for는 'for 3 years'처럼 구체적인 숫자로 표현된 기간과 쓰인다. 반면에 during은 숫자는 잘 나오지 않고 'during my vacation처럼 '특정 기간을 타내는 명사'와 함께 잘 쓰인다.

■ 빈칸 뒤에 '숫자'가 나오면 for가 정답이다.

29 Mr. Lee has worked for the company _____ the past twenty years.

(A) during
(B) for
(C) at
(D) with

for는 '동안에, 위해서, 향해서, 때문에' 등의 여러 가지 의미로 쓰이고, during은 '동안에'라는 한 가지 의미로만 쓰인다. 이렇게 보기 중에 의미가 똑같은 단어가 있다면 둘 중 하나가 정답이 될 가능성이 많다. 이때 가장 단순한 구별법은 빈칸 뒤에 숫자가 나오면 전치사 for를 고르는 것이다. 위의 문제에서는 빈칸 뒤 숫자 'the past twenty years'가 있기 때문에 (B) for가 정답이다.

■ during은 확정된 '기간 명사'와 함께 쓰인다.

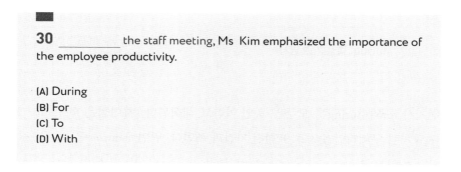

30 _____ the staff meeting, Ms Kim emphasized the importance of the employee productivity.

(A) During
(B) For
(C) To
(D) With

위의 문제도 마찬가지로 보기 중에 뜻이 동일한 단어 (A) During (B) For가 동시에 있다. 빈칸 뒤에 숫자가 있다면 for가 정답이지만 없기 때문에 (A) During이 정답이다.

throughout과 within은 '장소'와 '기간' 명사와 함께 쓰인다

through는 전치사로 '~를 관통하는'이라는 뜻이다. 여기에 —out이 붙어서 'throughout'이 되어 뒤에 기간 명사가 나오면 '그 기간 내내'라는 뜻이 되고, 장소 명사가 오면 '그 장소 전역에 걸쳐서'라는 뜻이 된다. throughout the year '일 년 내내' throughout the country '전국에 걸쳐서' 덩어리 표현으로 암기해 두자.

전치사 with와 in이 합쳐진 within은 '기간'과 '장소' 명사와 모두 쓰인다. 뒤에 장소 명사가 나오면 '~안에'라는 뜻이고 시간 명사가 나오면 '~이내에'라는 뜻이다. within the building '건물 안에', within a week '일주일 이내에' 덩어리 표현으로 암기해 두자.

■ **throughout the year '일 년 내내' 덩어리 표현을 암기하자.**

31 The city health department runs several new free clinics _____ the year.

(A) around
(B) before
(C) throughout
(D) concerning

빈칸 뒤에 기간 명사 the year가 나왔기 때문에 기간 전치사 throughout을 써야 한다. 하지만 이렇게 문법적으로 구별하기 전에 토익에 많이 출제되었던 전치사 덩어리 표현 'throughout the year 일 년 내내'를 암기하도록 하자. 정답은 (C) throughout이다.

■ throughout the country '전국에 걸쳐서' 덩어리 표현을 암기하자.

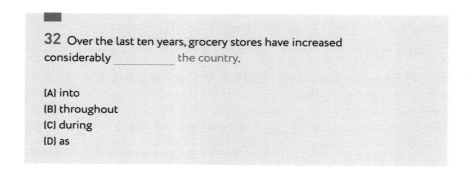

32 Over the last ten years, grocery stores have increased considerably _____ the country.

(A) into
(B) throughout
(C) during
(D) as

throughout the country '전국에 걸쳐서' 덩어리 표현을 암기하자. 정답은 (B) throughout이다.

■ within walking distance '걸어갈 수 있는 거리 이내에' 덩어리 표현을 암기하자.

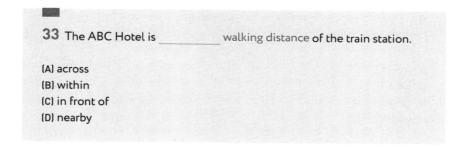

33 The ABC Hotel is _____ walking distance of the train station.

(A) across
(B) within
(C) in front of
(D) nearby

within은 기간뿐만 아니라 시간, 거리, 능력, 범위 등 다양한 말이 나온다. '걸어갈 수 있는 거리 이내에' within walking distance라는 말이 나와야 하므로 (B) within이 정답이다.

■ **within 30 days of purchase '구매 30일 이내에' 덩어리 표현을 암기하자.**

34 The enclosed card must be completed and returned _____ 30 days of purchase.

(A) by
(B) before
(C) within
(D) under

'시간 전치사' 중에서도 '시점' 전치사와 '기간' 전치사를 구별하는 것이 중요하다. 한국말에서는 구별하지 않기 때문에 더 어렵기도 하다. (A) by와 (B) before는 시점 전치사이고, (C) within은 기간 전치사이다. 빈칸 앞에 '반납하다' 동사 return이 나왔고, 뒤에 기간 명사 30 days of purchase가 왔기 때문에 (C) within이 정답이다.

12 많은 전치사들이 '~에 대해서'라고 해석될 수 있다

'~에 대해서'라고 해석되는 전치사 10개

① about
② regarding
③ concerning
④ on
⑤ as to
⑥ as for
⑦ over
⑧ in regard to
⑨ with respect to
⑩ in reference to

토익에 나오는 '~에 대해서'의 뜻으로 쓰이는 전치사는 약 10개 정도가 있다. 가장 일반적이고 쉬운 단어는 about이다. 토익에서는 regarding, concerning이 집중적으로 출제되고 있고 있다. 'regard'는 명사로 '관심, 높은 평가, 존경'이라는 뜻이고, 동사는 '보다'에서 '~라고 여기다'에서 '평가하다'의 의미로 확장된다. '~ing'을 붙여 regarding이 되면 전치사가 된다. 의미는 about의 뜻인 '~관해서'라는 의미가 된다. 또한 비슷한 의미로 concerning도 마찬가지로 '~관해서'라는 뜻의 전치사이다.

■ regarding, concerning은 '~관해서'라는 뜻의 전치사이다.

35 If there are any changes _____ our program, they will be posted in the lobby.

(A) concern
(B) concerns
(C) concerned
(D) concerning

concern은 '우려, 걱정'이라는 뜻이다. 여기에 ing을 붙여 concerning이 되면 '~에 관해서'라는 뜻으로 바뀐다. 또한 '~ed'를 붙인 concerned가 되면 '걱정 되는'이라는 뜻이다. 빈칸은 '프로그램에 대한 변경사항들'이라는 뜻이기 때문에 '~에 관한' (D) concerning이 정답이다.

■ 전치사 on이 '~에 대해서'라고 해석될 수 있다.

36 All employees are invited to attend the workshop _____ the time management.

(A) at
(B) with
(C) on
(D) near

'on'은 '~위에'라는 뜻의 전치사이다. 하지만 그 고유한 뜻으로 해석해서 의미가 이상하다면 '~에 대해서'라고 해석될 수 있다. 즉, '시간 관리위에 워크숍'으로 해석했다가 의미가 이상하면 '시간 관리에 대한 워크숍'이라고 해석하면 된다. 그러므로 정답은 (C) on이다.

13 '동사 + ing' 형태의 전치사 5개를 암기하자

regarding ~대해서	=	concerning ~관해서		
including ~포함해서	↔	excluding ~제외하고		

following ~후에

'동사 + ing' 형태이기 때문에 현재분사나 동명사로 착각하기 쉽다. 하지만 위의 다섯 단어는 토익에 빈출 전치사이다. 보기에 등장하면 정답일 가능성이 매우 높은 단어이다. 반드시 암기해 두자.

■ including은 '~포함해서'라는 뜻의 전치사이다.

37 ABC Office Supply carries a wide range of office supplies _____ labels, binders and file folders.

(A) includes
(B) including
(C) included
(D) include

빈칸 앞에 완전한 문장이 나왔고, 뒤에 명사를 연결시켜 주기 위해서는 전치사가 필요하다. 동사 'include'에 'ing'꼬리를 붙여서 'including'이 되면 '~을 포함해서'라는 뜻의 전치사가 된다. 따라서 정답은 (B) including이다.

■ excluding은 '~제외하고'라는 뜻의 전치사이다.

---

38 All employees of the marketing department, _____ the manager, should attend the regular training.

(A) among
(B) together
(C) excluding
(D) because

전치사 including의 반대 개념의 단어 'excluding'도 현재분사처럼 보일 수 있지만 '~을 제외하고'라는 뜻의 전치사가 된다. '매니저를 제외한 모든 직원들이 연수에 참여해야 한다.'라는 내용이기 때문에 정답은 (C) excluding이다.

14 두 단어 이상으로 이루어진 '덩어리 전치사'

두 개 또는 세 개의 단어로 이루어진 전치사 덩어리 표현들이 있다. 토익시험에 자주 출제되는 것들이므로 반드시 외워야 한다.

according to	~에 따르면
instead of	~대신에
regardless of	~에 관계없이
thanks to	~덕분에
such as	~와 같은
as of	~제외하고
except for	~부로
across from	~의 맞은편에
on behalf of	~을 대신하여
in charge of	~에 책임이 있는
by means of	~의 수단으로
as a result of	~의 결과로써
in addition to	~게다가
in accordance with	~에 따라
in compliance with	~을 준수하여
in comparison with	~와 비교하여
in celebration of	~을 기념하여

■ 하위 개념이 나와 예를 들면 'such as'가 정답이다.

39 Workers handling dangerous chemicals are required to wear
protective gear _____ safety goggles and gloves.

(A) some of
(B) so as
(C) so that
(D) such as

빈칸 앞에 '보호 장비' protective gear가 있고 뒤에 하위 개념인 안전 안경과 장갑이 있기 때문에 '예를 들면 ~와 같은' 의미의 (D) such as가 정답이다.

■ 고마움을 표현하여 누구 덕분이라면 'thanks to'가 정답이다.

40 The event was a great success _____ Mr. Lee, the organizer
of the event.

(A) in case of
(B) as a result
(C) thanks to
(D) given that

'미스터 리 덕분에 행사가 성공했다'라는 말이 나와야 하기 때문에 (C) thanks to
가 정답이다.

■ 대신하는 거라면 'instead of'가 정답이다.

41 Due to the scheduling conflict, the seminar will be held next Thursday _____ the following Tuesday.

(A) instead of
(B) aside from
(C) out of
(D) except for

세미나가 화요일(Tuesday)이 아니라 대신에 다음 주 목요일(Thursday)에 열린다는 내용이다. (A) instead of가 정답이다.

■ 조사, 서류, 규정에 따르면 'according to'가 정답이다.

42 _____ the result of the survey, the customers are completely satisfied with the company's products.

(A) Provided that
(B) Instead of
(C) According to
(D) So that

빈칸 뒤에 설문조사 survey가 나왔기 때문에 '~에 따르면' 전치사 (C) According to가 정답이다.

■ 미래 시제가 나와 '~부로'로 해석되면 'as of'가 정답이다.

43 Mr. Lee will have to leave work permanently _____ May 20 for personal reasons.

(A) in
(B) within
(C) above
(D) as of

미래 시제 will이 나왔고 '5월 20일 부터'로 해석이 되기 때문에 (D) as of가 정답이다. 동의어로는 starting, beginning, effective가 있다.

■ 다른 사람을 대신해서 하면 'on behalf of'가 정답이다.

44 Speaking _____ behalf of the vice president, Mr. Lee thanks the employees for their dedication to the project.

(A) at
(B) on
(C) by
(D) for

'부사장님을 대신해서' on behalf of the vice president라는 말이 나와야 하기 때문에 (B) on이 정답이다.

■ except for는 '제외하고'라는 뜻의 전치사이다.

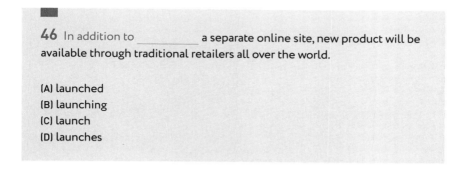

45 _____ the frequent rains, **London** is one of the most attractive cities in Europe.

(A) Even
(B) Unless
(C) Because
(D) Except for

빈칸은 전치사 자리이다. 정답은 보기 중에 전치사 '~제외하고'의 (D) Except for밖에 없다. except는 '~제외하고'의 뜻의 전치사로 문장의 맨 앞에 들어갈 수 없다. 하지만 except for는 같은 뜻의 전치사로 문장 맨 앞에 들어갈 수 있다. except 뒤에 that이나 when을 붙여 except that, except when은 접속사이다.

■ in addition to는 '게다가'라는 뜻의 전치사이다.

46 In addition to _____ a separate online site, new product will be available through traditional retailers all over the world.

(A) launched
(B) launching
(C) launch
(D) launches

빈칸 앞에 to가 있어서 동사원형 (C) launch를 정답이라고 착각할 수 있을 것이다. 하지만 in addition to는 '게다가'라는 뜻의 전치사이다. 전치사 다음에 동명사를 써서 (B) launching이 정답이다.

10

기출어휘
'덩어리 공식'

아래의 단어가 보기에 있으면 거의 대부분 정답이다. 토익에 자주 나오는 기출어휘들을 최대한 많이 암기해 놓자. 단어를 개별적으로 한 단어씩 외우지 말고, 그 단어와 자주 어울려 쓰이는 덩어리 표현을 암기하자.

① available	그 서비스가 이용 가능한 상태에요.
② promptly	제가 즉시 이메일 보내드릴게요.
③ currently	그 상품은 현재 품절 되었어요.
④ recently	그 제품이 최근에 개발되었어요.
⑤ increasingly	수익이 점점 더 증가하고 있어요.
⑥ directly	사장님께 직접 보고해 주세요.
⑦ approximately	마치는데 대략 일주일 걸렸어요.
⑧ throughout	전국에 걸쳐서 비가내리고 있어요.
⑨ regarding	규정에 관해서 설명해 주세요.
⑩ eligible	보너스를 받을 만한 자격이 있어요.

■ available은 '이용 가능한, 구입 가능한, 시간이 나는'이라는 뜻이다.

01 Although the computer is currently out of stock right now, it will be _____ for purchase in a week.

(A) capable
(B) suitable
(C) considerable
(D) available

available이란 단어는 토익 공부를 하면서 가장 많이 만나게 될 단어일 것이다. 사물명사와 함께 쓰이면 '이용 가능한, 구입 가능한'이란 뜻이 되고, 사람명사와 함께 쓰이면 '시간이 나는'이라는 뜻이 된다. 특히 사람명사와 쓰일 경우의 뜻에 더 주의해서 알아 두자. (D) available이 정답이다.

■ promptly '신속하게, 정각에'라는 뜻이다.

02 Because the conference will begin _____ at 7:00, all employees are required to arrive at 6:30.

(A) promptly
(B) occasionally
(C) recently
(D) especially

형용사 prompt는 '지체 없이 즉각적인', 또는 '시간을 엄수하는 신속한'이라는 뜻이다. 여기에 부사꼬리 ~ly를 붙여 promptly가 되어 동사와 함께 쓰이면 '즉시, 신속하게'라는 뜻이고, 시간 앞에 나오면 '정각에'라는 뜻이 된다. (A) promptly가 정답이다.

■ currently는 '지금, 현재'라는 뜻이다.

03 The Seoul Museum is _____ closed for renovations but will reopen with completely new exhibition areas.

(A) instantly
(B) currently
(C) eagerly
(D) quickly

current는 물이나 공기의 흐름, 즉 '기류, 해류'라는 뜻에서 '지금 현재 통용되고 있는'의 뜻으로 의미가 확장된다. 여기에 명사 꼬리 −cy를 붙여 currency가 되면 '지금 현재 사용되고 있는 돈'의 의미인 '통화'라는 뜻이 되고, 부사 꼬리 ~ly를 붙여 currently가 되면 '현재, 지금'이라는 뜻이 된다. (B) currently가 정답이다.

■ recently, lately는 '최근에'라는 뜻이다.

04 Our company has _____ moved to another city, so contact us to the

new address.
(A) recently
(B) freshly
(C) usually
(D) commonly

recently는 '최근에'라는 뜻이다. 동의어로 lately가 있는데 이 단어를 '늦게'라고 착각하는 경우가 많다. '늦은, 늦게'는 late이고 lately는 '최근에'라는 뜻으로 헷갈리지 말고 잘 알아 두자. (A) recently가 정답이다.

■ increasingly는 '점점 더'라는 뜻이다.

05 In order to survive in today's _____ competitive market, it is necessary for employees to keep improving their skills.

(A) exclusively
(B) consecutively
(C) highly
(D) increasingly

increase는 명사와 동사가 같은 형태이다. 명사일 경우는 '증가'라는 뜻이고, 동사일 경우엔 '증가하다'와 '증가시키다' 즉, 자동사와 타동사가 동시에 된다. 여기에 ~ing 꼬리를 붙여 increasing이 되면 '증가하는'이란 뜻이고, 부사 꼬리 ~ly를 붙여 increasingly가 되면 '증가하게'라고 직역하지 말고 '점점 더'라는 뜻의 의역으로 알아 두자. (D) increasingly이 정답이다.

■ directly는 '직접, 곧바로'라는 뜻이다.

06 Since the test results are confidential, a copy of the report will be delivered _____ to your office in person.

(A) directly
(B) exactly
(C) easily
(D) uniquely

direct는 토익에서 여러 가지 의미로 쓰인다. 심지어 파트1에서도 등장하는 단어다. 형용사로는 중간에 제3자나 매개물 없이 '직접적인'이란 뜻이고, 동사로 쓰이면 경찰관이 교차로에서 자동차를 '직접 지시해서 보내는' 장면을 연상하면 '직접적인, 지시하다, 보내다'의 의미로 파생되는 것을 쉽게 이해할 수 있을 것이다. 여기에 사람명사 꼬리 −or를 붙여 director가 되면 '지시하는 사람' 즉, '책임자'라는 뜻이 되고, 부사 꼬리 ~ly를 붙여 directly가 되면 '직접, 곧바로'라는 뜻이 된다. (A) directly가 정답이다.

어휘문제는 원칙적으로 완벽하게 해석해서 푸는 것이 정석일 것이다. 하지만 어휘 문제조차 마치 숨은 그림을 찾듯이 빠르게 풀 수 있다. 토익 점수를 빨리 상승시키고 싶다면 단어를 개별적으로 외우지 말고, 서로 잘 어울려 다니는 '덩어리 표현들'을 최대한 많이 암기해 두어야 한다.

---

07 Employees are advised to keep a _____ receipt and submit it upon arrival.

(A) valid
(B) detailed
(C) unclaimed
(D) tentative

보기가 모두 형용사로 구성된 어휘문제이다. 이때 무조건 처음부터 해석을 하는 것이 아니라 명사와 잘 어울리는 형용사를 고르면 된다. 즉, 'a _____ receipt' 만 보고 풀 수 있다. 각각 보기의 형용사와 잘 어울리는 기출 덩어리 표현은 다음과 같다.

(A) valid receipt → 유효한 영수증

(B) detailed information → 자세한 정보

(C) unclaimed item → 주인 없는 물건

(D) tentative schedule → 임시 일정표

따라서 정답은 (A) valid이다.

■ '형용사 + 명사'를 한 덩어리로 암기하자.

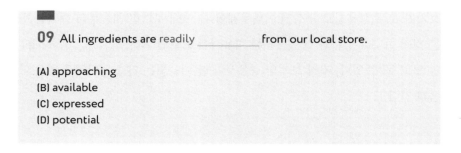

08 For its 10th anniversary, ABC Gym gave its members _____ gift certificates for an hour group training session.

(A) definite
(B) probable
(C) stimulating
(D) complimentary

상품권 'gift certificates'와 잘 어울리는 형용사는 '무료'를 의미하는 형용사 (D) complimentary가 정답이다.

■ '부사 + 형용사'를 한 덩어리로 암기하자.

09 All ingredients are readily _____ from our local store.

(A) approaching
(B) available
(C) expressed
(D) potential

보기 중에 available이 등장하면 정답이 잘 되는 어휘이다. 또한 빈칸 앞에 readily라는 부사는 available과 잘 어울려서 readily available '쉽게 구입 가능한' 이라는 뜻으로 정답은 (B) available이다.

■ '동사 + 목적어'를 한 덩어리로 암기하자.

10 In order to guarantee the same-day delivery, all buyers are advised
to _____ an order no later than 1 PM.

(A) cause
(B) place
(C) contact
(D) elect

place는 명사로는 '장소'라는 뜻이고 동사로는 '놓다'라는 뜻이다. 이 단어가
order를 목적어로 취해 'place an order'가 되면 '주문을 하다'라는 뜻이 된다. 이
렇게 빈칸을 중심으로 앞뒤에 궁합이 잘 맞는 덩어리 표현을 보고 바로 정답을
고를 수 있도록 단짝 표현들을 최대한 많이 암기해 두자. 정답은 (B) place이다.

■ '관련 어휘'를 한 덩어리로 암기하자.

11 After defective items had been found, Mr. Lee decided to return them
for a refund or a _____.

(A) management
(B) commitment
(C) replacement
(D) development

'결함 있는 재품' defective items과 '환불' refund과 문맥상 가장 잘 어울리고 관
련 있는 단어는 '교체품' (C) replacement가 가장 적합하다.

주변에서 어휘 정답의 단서를 찾아라!

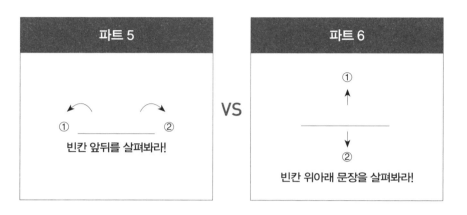

파트6 어휘 문제의 특징은 빈칸 앞뒤만 보고 풀 수 있는 문제보다는 빈칸 위아래 문장을 보고 정답의 단서를 찾아내거나, 전체 지문의 내용을 파악해서 알맞은 어휘를 찾는 문제가 출제 된다. 특히 보기의 단어들을 빈칸에 넣어 해석해 보면 전부 정답이 될 것처럼 느껴진다. 하지만 빈칸 앞뒤만 보면 오히려 함정에 속을 가능성이 많이 있다. 꼭 위아래 문장에서 단서를 찾아내자!

12 We are looking for a chef for a new location Successful candidates should _____ a minimum of two years of experience in supervising employees.

(A) take
(B) decide
(C) motivate
(D) possess

적어도 2년의 경험이 있어야 한다는 내용이기 때문에 '소유하다' (D) possess가 정답이다. 빈칸 뒤 목적어만 보고 정답을 알 수 있다.

■ 빈칸 위아래 문장을 봐야 풀 수 있는 어휘문제

13 The ABC Tour Company will _____ its fifth branch office in Suwon in a month Therefore, we are now looking for some experienced travel assistants who can work at this new location.

(A) close
(B) open
(C) visit
(D) inspect

빈칸 뒤에 목적어만 보면 보기의 모든 단어들이 정답이 될 수 있다. 특히 보기 중 에 반대 개념의 단어가 있다면 둘 중 하나가 정답이 될 가능성이 많다. 하지 만 빈칸 뒤의 문장에 직원을 구한다는 내용과 새로운 지점 'new location'이라 는 말이 나왔기 때문에 (B) open이 정답이 된다.

'증가하다, 감소하다, 변하다'와 같은 동사는 '상당히, 급격히, 빠르게, 천천히'
와 같은 부사들과 잘 어울려 쓰인다.

증가하다, 감소하다, 변동하다		상당히, 급격히, 꾸준히
rise 오르다 increase 증가하다 expand 확장하다 improve 개선되다 progress 진척하다		considerably 상당히 substantially 상당히 significantly 상당히
change 변화하다	**+**	dramatically 극적으로 drastically 대폭적으로 sharply 날카롭게 markedly 현저하게 drastically 대폭적으로 rapidly 빠르게 noticeably 눈에 띄게 remarkably 현저하게
decrease 감소하다 reduce 감소하다 decline 쇠퇴하다 drop 떨어지다 fall 떨어지다 diminish 감소하다		gradually 점진적으로 steadily 꾸준히 slowly 천천히 slightly 조금씩

■ 증감동사는 '급격히' 부사와 잘 어울려 쓰인다.

14 The price of foods is expected to rise _____ over the next several years because of an increase in demand.

(A) thoroughly
(B) dramatically
(C) interestingly
(D) usefully

'증감'을 의미하는 동사들은 '상당히, 급격히' 부사와 잘 어울린다. 빈칸 앞에 증감을 뜻하는 '오르다' rise 동사가 있기 때문에 '급격히' (B) dramatically가 정답이다.

■ 증감동사는 '상당히' 부사와 잘 어울려 쓰인다.

15 As a result of the new environmental laws, the air pollution is decreasing _____ .

(A) signify
(B) significant
(C) significantly
(D) significance

'증감'을 의미하는 동사들은 '상당히, 급격히'부사와 잘 어울린다. 빈칸 앞에 증감을 뜻하는 '감소하다' decrease 동사가 있기 때문에 '상당히' (C) significantly가 정답이다.

복합명사는

① 형용사 + 명사	명사 앞은 형용사가 원칙이다.
② 명사 + 명사	하지만 복합명사는 따로 암기하자.

명사 앞은 형용사가 나오는 것이 원칙이다. 하지만 '팩스 + 복사기 + 프린터'의 기능을 함께 모아둔 '복합기'처럼 명사 앞에 명사가 또 나올 수 있다. 이렇게 명사 앞에 또 다른 명사가 나오는 것을 '복합명사'라고 한다. 우리말로는 명사 앞에 형용사를 넣어도, 명사를 넣어도 말이 되기 때문에 둘 다 정답인 것처럼 생각된다. 그래서 토익에서 자주 등장하는 복합명사는 따로 암기를 해 둘 필요가 있다.

safety regulations 안전 규정 security standards 안전 기준 customer satisfaction 고객 만족 office supplies 사무 용품 application form 신청서	job openings 공석 employee productivity 직원 생산성 meal preference 음식 선호 performance evaluation 업무 평가 delivery schedule 배달 일정

■ '안전'에 해당하는 단어가 나오면 '복합명사'를 떠올려라.

16 The airport added several emergency exits in accordance with
new _____ regulations.

(A) safe
(B) safely
(C) safety
(D) safeness

명사 앞은 형용사 자리이기 때문에 아마 (A) safe를 골랐을 것이다. 하지만 여러
복합명사 표현들 중에서 '안전'에 해당하는 safety와 security가 가장 중요하다.
'안전'에 해당하는 단어가 나오면 무조건 복합명사를 떠올리자. 따라서 safety
regulation '안전 규정' (C) safety가 정답이다.

■ '고객 만족' customer satisfaction 복합명사를 덩어리로 암기하자.

17 The consultant said that the reason sales were so poor was due to the
low level of customer _____.

(A) satisfactory
(B) satisfied
(C) satisfaction
(D) satisfies

복합명사는 미리 암기하고 있어야 한다. '고객 만족' customer satisfaction과 같
은 복합명사 덩어리 기출 표현을 외우자. 정답은 (C) satisfaction이다.

숫자 앞에 쓰이는 부사
10단어를 암기하자!

숫자 앞에 빈칸이 있을 때 아래의 단어가 보기에 등장하면 정답이다.

① 대략 : approximately, about, roughly, around
② 거의 : nearly, almost
③ 적어도 : at least
④ 최고 : up to
⑤ 이상 : more than, over

형용사 approximate는 완전히 정확하지는 않지만 '거의 비슷하게 근사치인'이라는 뜻이다. 여기에 부사 꼬리 ~ly를 붙여 approximately가 되면 '대략'이라는 뜻이 된다. 특히 이 단어는 숫자 앞에 빈칸이 있을 때, 보기 중에 있으면 무조건 정답이다. 숫자 앞에 빈칸이 있을 때 정답으로 약 10단어가 출제되는데 'approximately'가 가장 많이 출제 되었다.

■ 숫자 앞에 빈칸이 있을 때 'approximately'가 정답이다.

18 According to the City Transportation Agency, _____ 10,000 commuters will benefit from the addition of 15 new bus lines.

(A) gradually
(B) absolutely
(C) approximately
(D) appropriately

전체 문장을 해석하기 전에 빈칸 뒤 숫자를 보자마자 '대략'을 의미하는 (C) approximately가 정답이다.

■ nearly, almost는 숫자 앞에 쓰여서 '거의'라는 뜻이다.

19 ABC shopping mall is the busiest in the town, serving _____ 1,000 shoppers a day.

(A) enough
(B) quite
(C) nearly
(D) very

보기를 보면 단어가 모두 다른 어휘 문제이다. 무조건 전체 문장을 꼼꼼하게 해석하는 것이 아니라, 빈칸 앞뒤를 먼저 살펴보자. 빈칸 뒤에 숫자 1000 shoppers 가 있다. 숫자 앞에 쓰이는 토익 기출 어휘를 미리 암기하고 있다면 쉽게 (C) nearly를 정답을 고르고 바로 다음 문제로 넘어갈 수 있었을 것이다.

'already'는 '이미'는 어떤 일이 바로 전에 일어났거나, 예상했던 것보다 더 빨리 일어난다는 놀라움을 나타낼 때 사용한다. already는 주로 완료시제와 잘 어울려 사용된다.

🎯 The conference had already started when I arrived.
회의는 이미 시작했다, 내가 도착했을 때.

🎯 Have you already had lunch? That was quick!
아니 벌써 점심 먹었어요. 정말 빠르시네요.

'yet'은 '아직'이라는 뜻으로 주로 부정문과 많이 쓰여 어떤 일이 현재까지 일어나지 않고 있을 때 not 뒤에 바로 오거나 문장의 끝에 온다. 또는 have to 사이에 쓰인다.

🎯 I have not yet found time to read the report
난 아직 시간을 찾지 못했다, 보고서를 읽을.

🎯 I have yet to submit the report.
난 아직 보고서를 제출하지 못했다.

still은 '여전히'라는 뜻으로 어떤 상황이 지속되거나 계속되는 것을 나타낼 때 사용하는 가장 흔한 단어이다. 또한 반대를 의미하는 although와 잘 어울려 쓰인다.

◎ I still don't understand. Would you explain it again?
나는 아직도 이해하지 못해요. 다시 설명해 주실래요?

◎ Although I passed the exam, I am still looking for a job.
비록 나는 시험을 통과했지만, 나는 여전히 직업을 찾고 있다.

■ '완료 시제 사이'의 빈칸은 already가 정답이다.

---

20 Several international institutions have _____ expressed an interest in the new project.

(A) still
(B) yet
(C) already
(D) before

부사 삼총사 already, yet, still이 함께 등장했다. 이때 완료 시제 사이에 빈칸이 있기 때문에 '이미' (C) already가 정답이다.

■ 'have _____ to 사이'의 빈칸은 yet이 정답이다.

---

21 The economy has continued to suffer from weak domestic demand as consumption and investment have _____ to fully recover.

(A) just
(B) yet
(C) always
(D) ever

'have _____ to' 사이 빈칸은 (B) yet이 정답이다.

■ 반대를 의미하는 'Although' 다음의 빈칸은 still이 정답이다.

22 Although the number of volunteer interpreters was sufficient, the hospital is _____ trying to recruit more.

(A) anymore
(B) once
(C) still
(D) besides

반대를 의미하는 접속사 Although가 있기 때문에 '여전히' (C) still이 정답이다.

쌍으로 같이 외워야 하는 '형용사와 부사'

부사는 기본적으로 형용사에 ~ly를 붙여서 만든다. 하지만 hard, high, near, late, close와 같은 단어들에 ~ly를 붙여 hardly, highly, nearly, lately, closely가 되면 전혀 다른 뜻으로 바뀐다. 예를 들어 late는 형용사와 부사가 같은 형태이다. 형용사일 경우엔 '늦은'에 의미가 되고, 부사일 경우엔 '늦게'라는 의미가 된다. 하지만 lately는 late의 '늦은, 늦게'라는 의미와는 전혀 다르게 '최근에'라는 의미의 부사이다. 즉, 두 단어 late와 lately가 비슷한 모양을 하고 있어서 의미도 비슷할 것 같지만 실제로는 전혀 따른 뜻으로 쓰이게 된다.

hard	hard work 힘든 일 work hard 열심히 일하다	hardly	hardly ever 거의 아니다
high	high mountain 높은 산 jump high 높게 뛰다	highly	highly qualified 매우 자격 갖춘
near	near place 가까운 장소 come near 가깝게 다가오다	nearly	nearly 300 people 거의 삼백 명
late	late evening 늦은 저녁 stay open late 늦게까지 문을 열다	lately	lately returned 최근에 돌아온
close	sit close 가까이 앉다 close friend 가까운 친구	closely	closely review 꼼꼼하게 검토하다

■ work hard '열심히 일하다' 덩어리 표현을 암기하자.

23 Mr. Lee works _____, and I recommend him without reservation.

(A) hard
(B) hardly
(C) harden
(D) hardness

hard는 '딱딱한'이라는 형용사도 되고 '열심히'라는 부사도 된다. ~ly가 없지만 형용사와 부사가 동시에 되는 단어다. hard에 '~ly'를 붙여 hardly가 되면 '거의 ~아니다'라는 의미가 완전히 다른 부사가 된다. 시험에는 work hard '열심히 일하다'의 덩어리 표현으로 많이 출제되고 있다. 따라서 정답은 (A) hard이다.

■ highly qualified '매우 자격을 갖춘' 덩어리 표현을 암기하자.

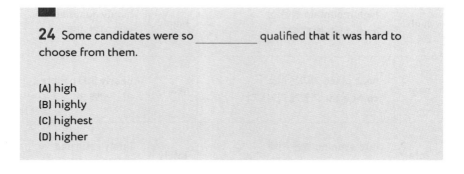

24 Some candidates were so _____ qualified that it was hard to choose from them.

(A) high
(B) highly
(C) highest
(D) higher

high는 형용사와 부사의 형태가 같은 단어로 '높은, 높게'라는 뜻이다. 여기에 부사 꼬리 ~ly를 붙여 highly가 되면 '높게'라는 뜻으로 착각하기 쉽다. 하지만 highly는 'very'의 의미로 '매우'라는 뜻이다. 시험에 자주 출제되는 표현에는 highly recommended '매우 추천받는', highly qualified '매우 자격을 갖춘', highly regarded '매우 존중받는'의 덩어리 표현으로 많이 출제되고 있다. 정답은 (B) highly이다.

■ nearly 1000 people '거의 천 명의 사람들' 덩어리 표현을 암기하자.

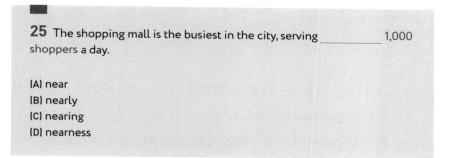

25 The shopping mall is the busiest in the city, serving _____ 1,000 shoppers a day.

(A) near
(B) nearly
(C) nearing
(D) nearness

near는 형용사와 부사가 동시에 되는 단어다. 형용사로는 '가까운'이란 뜻이고, 부사로는 '가까이'라는 뜻이다. nearly가 되면 '가깝게'라고 생각하기 쉽다. 하지만 '거의' almost의 뜻으로, 특히 숫자 앞에 빈칸이 있을 때 자주 정답이 되는 단어다. 따라서 (B) nearly가 정답이다.

■ stay open late '늦게까지 문을 열다' 덩어리 표현을 암기하자.

26 The merchants in the area agreed to stay open _____ until midnight.

(A) late
(B) lately
(C) recently
(D) far

late는 '늦은'이라는 형용사도 되고, '늦게'라는 부사도 동시에 된다. 여기에 부사 꼬리 '~ly'를 붙여 lately가 되면 '늦게'라고 착각하는 경우가 많다. lately는 recently 즉, '최근에'라는 뜻으로 헷갈리지 말고 잘 알아 두자. 특히 lately를 '늦게'라고 생각해서 오답으로 잘 나온다. '늦게'는 late라는 것을 다시 한 번 명심하자. 따라서 (A) late가 정답이다.

■ closely review '면밀히 검토하다' 덩어리 표현을 암기하자.

27 The head of human resources _____ reviewed the resumes of the applicants before conducting interviews.

(A) close
(B) closely
(C) closer
(D) closest

close는 물론 '닫다'라는 동사가 되는 것은 잘 알고 있을 것이다. 이 단어는 형용사와 부사도 동시에 된다. 형용사는 '가까운'이란 뜻이고, 부사는 '가까이'라는 뜻이다. 여기에 ~ly를 붙여 closely가 되면 closely review '면밀히 검토하다'처럼 '면밀하게'라는 부사로 쓰인다. 따라서 (B) closely가 정답이다.

09 부사처럼 보이지만 '형용사'인 단어들

단어의 꼬리가 '~ly'로 끝나면 부사다. 하지만 '~ly'로 끝났음에도 불구하고 형용사인 특이한 단어 5개를 암기하자.

① timely 시기적절한   ◎ in a timely manner 적절한 시기에
② friendly 친근한   ◎ environmentally friendly 환경 친화적인
③ likely 있음직한   ◎ It's likely to rain. 비가 내릴 것 같다.
④ costly 값비싼   ◎ costly construction 비용이 많이 드는 공사
⑤ weekly 일주일에 한 번   ◎ a weekly meeting 일주일에 한 번 하는 회의

---

28 If you should you have any difficulty with the new printer, please notify technical support staff in a _____ manner.

(A) timed
(B) timing
(C) time
(D) timely

빈칸을 중심으로 앞에는 관사 a가 있고, 뒤는 명사 manner가 있기 때문에 빈칸은 형용사 자리이다. 하지만 순수한 형용사가 보이지 않아서 변형된 형용사인 과거분사 (A) timed, 또는 현재분사 (B) timing을 정답이라고 생각할 수 있을 것이다. 하지만 timely라는 단어는 '시기적절한'이라는 뜻으로 형용사이기 때문에 정답은 (D) timely이다.

이때 '시기적절한 때에' in a timely manner라는 덩어리 표현을 미리 알고 있었다면 고민할 것 없이 정답이 (D)가 된다. 이렇게 토익에 출제되었던 단어들을 평소에 미리 익숙하게 만들어서, 시험장에서는 바로 정답이 보일 수 있도록 최대한 많은 기출 표현을 암기하는 것이 토익 고득점의 비결이다.

10 주의해야 할 특이한 단어들

사람 명사처럼 보이지 않지만 '사람명사'인 경우

representative 직원, critic 비평가, official 공무원, professional 전문가

29 In order to become a competitive sales _____ , you have to develop your communication skills.

(A) representational
(B) represent
(C) represents
(D) representative

representative는 형용사로 '대표하는'이라는 뜻이고, 명사로는 '대표자 → 직원'이라는 뜻이다. 'sales representative 판매 직원'이라는 뜻으로 암기해 두자. 정답은 (D) representative이다.

'–tive'로 끝나서 형용사처럼 보이지만 '명사'도 되는 경우

alternative 대안, executive 중역, initiative 독창성,
objective 목적, relative 친척, perspective 관점

30 United Airline's _____ is to attract more than one million passengers in the domestic market.

(A) inquiry
(B) structure
(C) transfer
(D) objective

빈칸은 명사 자리이다. objective는 형용사처럼 보이지만 '목적'이라는 뜻의 명사이다. 전체를 완벽하게 해석하는 것이 원칙이지만 'is to + 동사원형'의 문장 구조가 나올 때 'aim, goal, purpose, objective'가 보기 중에 있다면 정답이 된다. 따라서 (D) objective가 정답이다.

'-y'로 끝났지만 '명사'인 경우

delivery 배달, difficulty 어려움, recovery 회복

31 ABC store guarantees _____ of your orders within 2 days.

(A) deliver
(B) delivery
(C) delivering
(D) deliverable

빈칸 앞에 동사 guarantees가 있고 뒤에는 전치사 of가 있기 때문에 빈칸은 목적어 즉, 명사 자리이다. 보기 중에 (A) deliver는 동사로 '배달하다'라는 뜻이고,

(B) delivery는 명사로 '배달'이라는 뜻이다. 이렇게 형태가 특이한 단어들은 따로 신경 써서 암기해 두어야 한다. 따라서 정답은 (B) delivery이다.

'-ant'로 끝났지만 '사람명사'인 경우

> applicant 지원자, assistant 보조자, attendant 안내원,
> accountant 회계사, participant 참가자, tenant 세입자

32 All job _____ are advised to wear business attire as interviews might be conducted on site.

(A) applicants
(B) applications
(C) apply
(D) applied

주어 자리의 맨 끝은 명사 자리이다. 따라서 '지원서' (B) applications를 정답이라고 착각할 수도 있다. 하지만 정장을 착용하는 것은 사람이기 때문에 '지원자' (A) applicants가 정답이다.

compliment 칭찬(하다), experiment 실험(하다), experience 경험(하다)
access 접근(하다), approach 접근(하다), request 요청(하다)
change 변화(하다), influence 영향(을 주다), supplement 보충(하다)
increase 증가(하다), decrease 감소(하다), rise 상승(하다)
estimate 추정(하다), function 작동(하다), position 위치(시키다)

33 Last month, our marketing team implemented several aggressive advertising campaigns to _____ our market share.

(A) increase
(B) increases
(C) increasing
(D) increased

to부정사 다음은 동사원형 자리이다. 동사에 '~s, ~ing, ~ed'가 붙은 보기를 모두 삭제하고 남은 (A) increase가 정답이다.

34 Due to an _____ in demand for healthy foods, distributors are trying to make contracts with local organic farmers.

(A) increase
(B) error
(C) effort
(D) intention

빈칸은 명사 자리이다. 빈칸 뒤에 전치사 in과 잘 어울리는 단어는 증가, 감소,

변화를 의미하는 명사 change, increase, decrease와 덩어리로 잘 쓰인다. 따라서 (A) increase가 정답이다.

형태가 비슷해 혼동하기 쉬운 형용사들

considerable	상당한	considerate	사려 깊은
confident	자신감 있는	confidential	기밀의
favorite	가장 좋아하는	favorable	호의적인
impressed	감명 받은	impressive	인상적인
informative	유용한	informed	정보에 근거한
reliable	의지할 수 있는	reliant	의지하는
respectful	예의 바른	respective	각각의
responsible	책임이 있는	responsive	반응하는
satisfactory	만족스러운	satisfying	만족시키는
understandable	이해할 수 있는	understanding	이해심 있는

35 The hotel chef spends _____ time training the kitchen staff.

(A) consider
(B) considerate
(D) considerable
(C) consideration

명사 time 앞은 '형용사' 자리이다. 「호텔 요리사는 주방직원들 교육시키는데 상당한 시간을 보낸다.」라는 의미가 되어야 하기 때문에 (C) considerable이 정답이다. 형태가 비슷해서 혼동하기 쉬운 형용사 어휘를 암기해 놓자. (A) consider 고려하다, (B) considerate 사려 깊은, (C) considerable 상당한, (D) consideration 고려.

11 고난이도 어휘문제, 이렇게 풀어라!

36 Tracks Software shares office space with Kimbelly Limited, _____ decreasing operating costs for both companies.

(A) throughout
(B) between
(C) thereby
(D) such as

---

1 단계
보기 분석하기

(A) throughout '도처에, 내내' 전치사
(B) between '~사이에' 전치사
(C) thereby '그렇게 함으로써' 부사
(D) such as '예를 들면 ~와 같은' 전치사

2 단계
빈칸 앞뒤 살펴보기

빈칸 앞에 콤마(,)가 있고 빈칸 뒤에 decreasing이 있다.

3-1 단계
멀리 떨어진 단서 잡아내기

[완전한 문장], _____ ~ing

125~130번에서 어려운 문제가 나온다.
그래서 잘 모르는 어려운 단어를 찍었다.
↓
(C) thereby가 정답이다.

3-2 단계
빠르고 바른 독해하기

**A회사와 B회사가 사무실을 같이 공유한다.
그렇게 함으로써 회사의 운영비를 줄여준다.**

어려운 문제에 시간 낭비하지 말자.
좌절하지 말고 빨리 다음 문제로 넘어가자.
↓
아무 정답이나 고르고 별표치고 넘어가자.
고득점자들은 시간이 남는다면
별표 친 부분을 다시 한번 확인하자.

■ 125번~130번 사이에 '어려운 문제'가 출제된다. 마음의 준비를 해 놓자.

37 With his bold designs and _____ for self-promotion, Tae-Hyun Rhee has emerged as one of the biggest stars in the fashion industry today.

(A) form
(B) flair
(C) outfit
(D) offer

위의 문장을 해석해 보면, '대담한 디자인' bold designs과 '자신을 돋보이게 하는' self-promotion 무엇으로 그는 패션 업계에서 가장 큰 스타 중에 한 명으로 부상했다.'라는 내용이다. 보기에 (A) form 양식, (B) flair 재주, (C) outfit 옷, (D) offer 제안, 중에 정답은 (B) flair이다. 이렇게 평소에 토익에서 좀처럼 보기 힘든 단어가 정답으로 등장했다. 이 문제는 모르면 너무 고민하지 말고 빨리 찍고, 다음 문제로 넘어가는 것이 더 중요한 스킬이다.

■ 보기 중에 '반대 개념'의 단어가 있다면 둘 중 하나가 정답이다.

38 If any problems with the product should occur, please respond _____ to questions from customers.

(A) late
(B) promptly
(C) occasionally
(D) recently

보기 (A) late는 늦게, (B) promptly는 신속히, 라는 뜻으로 반대 개념이다. 이렇게 보기 중에 서로 다른 반대의 뜻을 지니고 있는 단어가 있다면 둘 중 하나가 정답이 될 가능성이 많다. 해석을 해 보면 '고객의 질문에 신속히 응답해야 한다.'라는 내용이기 때문에 (B) promptly가 정답이다.

■ 보기 중에 '비슷한 의미'의 단어가 있다면 둘 중 하나가 정답이다.

39 Under the direction of Ms Wong, profits have risen _____ for the past five years.

(A) dramatically
(B) extremely
(C) critically
(D) adversely

보기 중에 (A) dramatically는 '급격히'라는 뜻이고, (B) extremely는 '매우'라는 뜻으로 비슷한 의미가 보기에 있다면 둘 중 하나가 정답이다. dramatically는 증감동사와 어울려서 쓰이는 부사고, extremely는 'extremely well'처럼 부사나 형용사를 꾸며 주는 부사이다. 따라서 정답은 (A) dramatically이다.

■ 문장 속에 반대를 의미하는 접속사, 접속부사, 전치사, 부정어에 주목하라!

40 The schedule of group activities is still _____, but a finalized agenda should be sent out to attendees on Monday.

(A) vigilant
(B) tentative
(C) hesitant
(D) reliant

빈칸 뒤에 반대 등위접속사 'but'이 나왔다. 전체 문장을 완벽하게 해석하지 않더라도 뒤에 finalized agenda '완성된 안건'이라는 말이 나왔기 때문에 반대 개념의 단어 tentative '잠정적인'이 정답이 된다. 이렇게 어휘 문제를 풀 때 but, although, despite, however, not과 같은 단서를 잘 잡아내서 풀도록 하자. 정답은 (B) tentative이다.

에필
로그 Epilogue

토익 점수가 빨리 오르지 않는 이유는 틀린 문제에 대한 충분한 분석 없이 그냥 정답만 빨리 채점하고 넘어가기 때문이다.

* 감으로 찍어서 맞췄는지
* 시간이 부족해서 틀렸는지
* 해석이 되지 않아서 틀렸는지
* 잘못 생각해서 실수로 틀렸는지
* 문제의 의도를 잘 몰라서 틀렸는지…

즉, 자신이 왜 틀렸는지 충분한 시간을 가지고 문제점을 분석 하고 이유를 찾아보는 과정이 중요한데, 그냥 단지 정답 확인만 하고 넘어가는 수준에서 공부하게 된다. 그날 많이 맞으면 기분 좋고, 많이 틀리면 그냥 기분 나쁘고 또 좌절하게 되고…. 토익 공부에도 거쳐야 하는 단계가 있다.

테스트 ➡ 문제 분석 ➡ 정답 확인

토익 점수를 효과적으로 빨리 점수를 올리기 위해서는 이 세 단계를 거쳐야 한다. 문제를 충분히 분석하는 중간 과정 없이 바로 정답만 확인하고 또 다른 새로운 문제만 많이 풀기 때문에 점수가 쉽게 오르지 않는다. 많은 문제를 풀어서 감각을 유지하는 것은 어느 정도 토익 점수가 나오는 고득점자들이 해야 할 방식이다.

테스트 후 바로 정답을 확인하려는 유혹을 버리자. 시간이 조금 많이 걸리고, 틀린 문제를 대할 때마다 좌절감도 많이 들 것이다. 충분한 시간을 가지고 다시 한 번 문제를 풀어 보고 정답 확인과 해설을 참고하는 습관을 들이자. 이때 틀린 이유를 문제 옆에 간단히 메모를 해 두고 시간이 날 때마다 계속 반복해서 보자.

해설을 봐도 이해되지 않는 문제는 반드시 질문을 통해서 확실히 이해하고 넘어가야 한다. 그리고 틀린 문제는 한번만 보고 넘어가면 절대로 안 된다. 어떤 방식으로든 그 문제가 자신의 것이 될 때까지 주기적으로 반복해서 복습해야 한다. '반복이 중요하다.

토익 점수를 빨리 올리고 싶다면? 그럼 틀린 이유를 충분히 분석하고 질문을 통해서 막힌 부분을 하나씩 뚫어 나가자. 15년간 전문 토익강사로 활동하면서 가지고 있는 모든 노하우를 초간단 토익 시리즈와 유튜브 동영상 강의를 통해서 아낌없이 무료 공개할 예정이다. 토익 공부를 하다가 모르는 문제가 있거나 도움이 필요하다면 저자의 공식홈페이지 (www.supersimpletoeic.com)으로 와서 질문을 하길 바란다. 단지 토익점수 하나 때문에 원서조차 쓰지 못하는 일이 여러분들에게 일어나서는 절대 안 된다.

저자 Mr. 슈퍼 심플 토익